JN071232

中学校道徳
ワンランク上の
教科書活用術
道徳授業づくり
*4*つのステップ

鈴木健二
Suzuki Kenji

日本標準

まえがき

　夏休みに，一人の高校生が研究室を訪ねてきました。

　私が書いた道徳教育関係のコラムをインターネットで見て，興味をもったようでした。将来は教師になりたいという思いをもっており，道徳教育のあり方などについて質問を受けました。

　せっかくの機会なので，私からもいくつか質問させてもらいましたが，興味深かったのは，

　「道徳の授業についてどんな印象が残っているか」

という質問に対する答えでした。

　彼は，次のように答えたのです。

　「英語や数学に比べて，楽な時間だった」

　「新しいことを学んだという記憶がない」

　このような印象が残っている理由について，

　「道徳の授業は，読み物を読んで，どう思ったかなどと聞かれるだけだったので，あまり考えなくてよい時間だった」

と話してくれました。

　このような印象しかもっていないので，覚えている道徳の授業はないと言っていました。しかし，しばらくして一つだけ覚えている授業があったと教えてくれたのが，いじめの作文を扱った授業でした。しかも，その授業は教育実習生が行った授業だったのです。

　残念ながら，これが道徳授業の実態の一端を表しています。

　道徳授業がこのような印象をもたれてしまう原因の一つは，教科書教材の活用方法がわからないまま授業をしている教師が圧倒的に多いということです。だから，これまでの道徳授業のパターンから抜け出せないのです。

　そこで，本書では，誰でも活用できる「道徳授業づくり４つのステップ」を示しました。このステップを踏まえて教材研究を行うことにより，ワンランク上の道徳授業づくりが可能になってきます。

また,「定番教材」と「現代的な課題」から教材を選定して,「4つのステップ」を活用した教材研究の方法と授業プランを,具体的に述べています。

　これらを参考にして,自分なりの道徳授業づくりに挑戦してほしいと思います。積み重ねていくうちに,道徳授業の手応えが次第に高まっていくことでしょう。

　ワンランク上の道徳授業づくりによって,多くの教室で生徒がわくわくする道徳の時間が生まれることを願っています。

　最後になりましたが,本書の執筆にあたって,企画段階から的確な助言をしていただいた日本標準の郷田栄樹氏,資料等を提供してくれた「新しい道徳授業づくり研究会 (SDK)」事務局のメンバーに深く感謝いたします。

　　2020年3月

鈴木健二

目　次

第3章

板書とノートを活用する

第4章
心を育てる評価とは

第5章
[4つのステップでつくる授業プラン] 定番教材をおもしろくする！

第6章
[4つのステップでつくる授業プラン] 現代的な課題で議論する！

第1章

これからの道徳授業づくりとは

これまでの道徳授業の課題とは

これまでの道徳授業には，どのような課題があったのでしょうか。

『中学校学習指導要領解説 特別の教科 道徳編』（文部科学省，2017年7月。以下，『学習指導要領解説』）では，次のような指摘をしています。

> 例えば，歴史的経緯に影響され，いまだに道徳教育そのものを忌避しがちな風潮があること，他教科等に比べて軽んじられていること，読み物の登場人物の心情理解のみに偏った形式的な指導が行われる例があることなど，多くの課題が指摘されている。　　　　（2ページ）

なぜ「他教科等に比べて軽んじられている」のでしょうか。

それは，「道徳授業を行っても手応えがない，あまり意味がない」と感じている教師が多いからでしょう。ある中学校では，生徒から「道徳授業はつまらない」「眠くなった」という声が聞かれたそうですが，教師が道徳授業をつまらないと感じていれば，生徒がおもしろいと感じるはずがありません。「道徳授業を行っても手応えがない，あまり意味がない」と感じているかぎり，力を入れて授業をしようとする意識は高まりません。だから「他教科等に比べて軽んじられている」という状況に陥ってしまったのです。

なぜつまらない道徳授業になってしまうのでしょうか。

それは，「読み物の登場人物の心情理解のみに偏った形式的な指導」がはびこっているからです。心情理解のみに偏った形式的な指導とは，「登場人物の○○君はどんな気持ちだったでしょう」というような発問ばかりする指導のことです。このようなことを問われても生徒の思考は刺激されません。「悲しかったと思います」「くやしかったと思います」などと適当に答えておけばいいからです。しかし，気持ちを問う発問が道徳授業の発問だ

という思い込みが学校現場に広く浸透し，つまらない道徳授業から抜け出せない教師が多数を占めているのです。

　このような現状をふまえ，つまらない道徳授業から脱却し，生徒にとって意味のある道徳授業を行うことをめざして，「特別の教科　道徳」となったのです。

 ## 2 「特別の教科 道徳」がスタートしたものの……

2019 年，中学校でも「特別の教科　道徳」がスタートしました。

教科書もつくられました。

これによって，これまでの道徳授業の課題は解決されたのでしょうか。

答えは「否」です。

教科書はつくられたものの，中学校からは次のような悩みが聞こえてくるのです。

> ●教科書教材がおもしろくない。
> ●教科書教材をどのように使ったらいいのかわからない。
> ●教科書の指導書を参考に授業してもうまくいかない。
> ●開発した教材も教科書教材と関連させて使いたいが，どうしたらいいかわからない。

　教科書がつくられたにもかかわらず，道徳授業の課題はほとんど解決していないのです。

　なぜなら，道徳授業はこういうものだという思い込みが強く，昔ながらの展開パターンから抜け出せない教師が多いからです。このような現状を改善していくためには，教科書教材を効果的に活用できる方法を身につけていくことが大切です。

「考え，議論する」道徳授業とは

このような状況をどのようにしたら変えていくことができるのでしょうか。
『学習指導要領解説』では，次のような提案がなされています。

> 「特定の価値観を押し付けたり，主体性をもたず言われるままに行動
> するよう指導したりすることは，道徳教育が目指す方向の対極にある
> ものと言わなければならない」，「多様な価値観の，時に対立がある場
> 合を含めて，誠実にそれらの価値に向き合い，道徳としての問題を考
> え続ける姿勢こそ道徳教育で養うべき基本的資質である」との答申を
> 踏まえ，発達の段階に応じ，答えが一つではない道徳的な課題を一人
> 一人の生徒が自分自身の問題と捉え，向き合う「考える道徳」，「議論
> する道徳」へと転換を図るものである。　　　　　　　　　（2ページ）

価値観の押しつけをせず，多様な価値観を認め合うのですから，「考える
道徳」，「議論する道徳」になるわけです。
しかし，ここで留意しておかなければならないのは，

> 何を考えさせるか，何を議論させるか

ということです。
「考える道徳」，「議論する道徳」という言葉が出されたことによって，学
校現場では，「考えさせればいいのだ」「議論させればいいのだ」という傾向
が強まっています。その結果，「ねらい」とずれたことを考えさせたり，議
論させたりしていても気づかないという状況が見られるようになってきてい
ます。また何が何でも議論させなければという思い込みも広がっています。

　大切なのは，

「ねらい」に迫るための思考を促す

ということです。そして生徒から出された意見を受け止めながら，必要であれば議論をさせればいいのです。

 ## 道徳授業の意義

　これまでの道徳授業の問題点を改善し，よりよい道徳授業をめざしてスタートした「特別の教科　道徳」ですが，次のような教師の声が聞こえてきます。

　「道徳が教科になったので毎週道徳の授業をしなければならない。どうしたらいいのだろうか」

　「教科書ができたのだから，とりあえず教科書会社の指導書で乗りきればいい」

　しかし，このような姿勢では，道徳授業を生徒にとってよりよいものにすることは困難です。教師が消極的な授業に対して，生徒が積極的になるはずがないからです。

　教師が道徳授業に積極的な意義を見いだしてこそ，生徒の心に響く道徳授業となるのです。

　道徳授業をする意義は何でしょうか。

　それは，

道徳授業は学級経営の時間である

ということです。

ほとんどの教師は，こんな生徒を育てたい，こんな学級をつくりたいと思っているはずです。生徒の育ちや学級づくりに大きな効果を発揮するのが，道徳授業なのです。

　　●友達を大切にする生徒を育てたい。
　　●自分の夢に向かってコツコツと努力する生徒を育てたい。
　　●誰かの役に立とうとする生徒を育てたい。

　このような生き方をめざす生徒を育てるために，道徳授業はさまざまな視点からアプローチすることができるのです。

 # 5 道徳授業づくり　4つのステップ

　道徳授業を学級経営にとって意味のある時間にするために大切なことは，

> 生徒の認識の変容を促す道徳授業をつくる

ということです。

　道徳授業をしたのに，生徒がこれまでもっていた価値観をなぞるだけで終わっていたとしたら，授業をした意味がありません。たとえば，「友達は大切である」ということは，小学1年生でも知っています。ですから，道徳授業で「友達は大切である」ということを再確認するような授業をしても，生徒からすれば，「そんなことはとっくに知っていた」という感想しか残りません。

　しかし，「友達は大切であるとは，そういうことだったのか」という新たな認識が芽生えるような道徳授業をすれば，その後の生徒の言動に影響を与えることができます。学級経営に生きるのです。

　生徒の認識の変容を促す道徳授業をつくるためには，次の4つのステップをふまえることが大切です。

道徳授業づくり ４つのステップ

【ステップ１】その教材ならではの「ねらい」を設定する
【ステップ２】教材に興味をもたせる（問題意識を高める）
【ステップ３】思考を刺激する発問を工夫する
【ステップ４】身近な問題として意識づける

【ステップ１】その教材ならではの「ねらい」を設定する

　認識の変容を促すために最も重要なのが，その教材ならではの「ねらい」を設定するということです。

　「思いやり」を例に考えてみましょう。

　「思いやり」といっても，さまざまな側面があります。たとえば，次のような「思いやり」です。

　　（ア）手を差しのべる「思いやり」

　　（イ）じっと見守る「思いやり」

　　（ウ）突き放す「思いやり」

　教材によって，描かれている「思いやり」がちがいます。

　それなのに，どの教材でも同じような「ねらい」が書かれていることが多いのです。

　これでは，「ねらい」が抽象的で「思いやりは大切だ」という，生徒がすでに知っていることをなぞるだけのつまらない道徳授業になってしまいます。

　この教材にはどんな「思いやり」が描かれているかを考えて，「ねらい」を焦点化することが大切なのです。

【ステップ２】教材に興味をもたせる（問題意識を高める）

　生徒が教材に何の興味も示していないのに，「今日は，教科書○○ページの△△という話を読みます」というような授業が展開されています。興味のないものを真剣に読む生徒はほとんどいません。自分自身のことを考えてみれば当たり前のことなのに，教材に興味をもたせようとしていないの

です。これでは教材を効果的に活用することができません。教材を早く読んでみたい，考えてみたいと思わせる工夫が大切なのです。

【ステップ3】思考を刺激する発問を工夫する

　冒頭で，「登場人物の○○君はどんな気持ちだったでしょう」というような心情理解のみに偏った発問が道徳授業をつまらないものにしているという指摘をしました。

　「考える道徳」，「議論する道徳」を実現するためには，思考を刺激する発問を工夫することが重要です。

　生徒が考えたくなるような，思わず考えてしまうような発問を工夫してこそ，道徳授業がおもしろくなるのです。

【ステップ4】身近な問題として意識づける

　『学習指導要領解説』では，次のように述べています。

　道徳教育の要となる道徳科の目標は，道徳性を養うために重視すべきより具体的な資質・能力とは何かを明確にし，生徒の発達の段階を踏まえて計画的な指導を充実する観点から規定されたものである。その際，道徳的価値や人間としての生き方についての自覚を深め，道徳的実践につなげていくことができるようにすることが求められる。　　　　　　　　　　　　　　　　　　　　　　　　　　（13ページ）

　重要なのは，「道徳的価値や人間としての生き方についての自覚を深め，道徳的実践につなげていくことができるようにすること」です。

　教科書教材が，どこかの絵空事としてしかとらえられなかったとしたら，「道徳的実践につなげていく」ことなどできません。

　だから，教科書教材での学びを，身近な問題として意識づけることが大切なのです。第2章では具体例を挙げながら，さらに詳しく解説します。

第 2 章

４つのステップで
教科書教材を効果的に活用する

①　その教材ならではの「ねらい」を設定する

　第1章で提案した「道徳授業づくり　4つのステップ」を詳しく解説していきます。

　まず教科書教材を効果的に活用するために，最も重要なのが，

その教材ならではの「ねらい」を設定する

ということです。

　しかし多くの道徳授業では，漠然とした「ねらい」しか設定されていません。

　たとえば，次のような「ねらい」です。

■法やきまりの意義を理解し，主体的にきまりを守ろうとする意欲を高める。

　学習指導要領では，「遵法精神，公徳心」の内容について，次のように示されています。

> 　法やきまりの意義を理解し，それらを進んで守るとともに，そのよりよい在り方について考え，自他の権利を大切にし，義務を果たして，規律ある安定した社会の実現に努めること。

　おそらく，ここに示されている内容や『学習指導要領解説』の内容項目の概要や指導の要点（同書44～45ページ）を参考にして書かれた「ねらい」なのでしょう。このような漠然とした「ねらい」で授業すると，「法やきま

りを守ることが大切だ」というような，生徒がすでに知っていることをな
ぞるだけの授業になってしまいます。

　考えさせなければならないのは，「法やきまりにはどのような意義がある
のか」ということなのです。それが具体的に「ねらい」に表現されていないと，
授業も漠然とした内容になってしまうのです。

　大切なのは，教師自身が「法やきまりの意義」について考えを深めるこ
とです。

　たとえば，次のようなことを考えるのです。

　　（ア）法ときまりのちがいは何か。

　　（イ）なぜ守る必要があるのか。

　　（ウ）守らなくてもよい場合があるのか。

　　（エ）法やきまりを守らなかったことによって，どんな事件や事故が発
　　　　　生しているのか。

　　（オ）法やきまりを守ったことによって，事件や事故を防ぐことができ
　　　　　た事例にはどのようなものがあるのか。

　このようにキーワードを掘り下げることによって，教科書教材の見え方
が変わってきます。その教科書教材にどのような「法やきまり」が描かれ
ているのかが見えてくるのです。それがその教材ならではの「ねらい」の
設定につながるのです。

　（オ）に関連する事例としては，2017年6月に東名高速道路で起きた中
央分離帯を飛び越えた乗用車が観光バスに衝突した事故があります。バス
の乗員・乗客計47人のうち45人が負傷しましたが，死者は出ませんでした。

　激しい事故だったにもかかわらず，死者が出なかったのは，バスガイドが，
乗客に対し事故前に3回，シートベルト着用を呼びかけていたことが大き
な要因でした。バスガイドが「何人かシートベルトをしていない客がいて
も大丈夫だろう」と考えていたら，結果はもっと悲惨なことになっていた
かもしれません。

　法やきまりを守る意義は，このようなところから考えさせることができ
るのです。

このように，

> 教師自身がテーマやキーワードについて深く考えること

が，その教材ならではの「ねらい」の設定につながり，「法やきまりの意義」
に対する生徒の認識が深まるのです。

道徳授業づくり ステップ2
②教材に興味をもたせる（問題意識を高める）

(1) つまらない導入の展開例

ある道徳授業の導入場面です。

> ①1つ質問をします。
> ②今まで自分の仕事をやり忘れたり，友達に頼んだりしてしまったこ
> 　とはありませんか。
> ③それでは今日のテーマです。
> ④（「自分の役割と責任」と板書する）
> ⑤教材の名前は「残った仕事」です。（板書する）
> ⑥（教材を配付する）

この導入には，次のような問題点があります。

> 問題点1　授業の「ねらい」が見えすいている。
> 問題点2　教材を読んでみたいという意識を高めないまま配付している。

①問題点1について

まず，②の発問によって，「今日は自分の仕事をきちんとやらなければい

けないという授業だな」という「ねらい」が見えてしまっています。それに追い打ちをかけるように「自分の役割と責任」というテーマが板書されています。この発問とテーマによって，生徒は，「仕事をきちんとすることが大切だ」という結論ありきで思考することになってしまいます。

②問題点2について

この授業では，教材名を板書したあと，教材が配付されました。

これでは，教材を読んでみたいという意欲も，こんなことについて考えてみたいという問題意識もないまま，教材を読まされることになります。これでは，教材の内容がしっかり頭に入ってきません。読んでみたいという意欲があってこそ，「そうだったのか」「なるほど」という意識が高まり，展開場面での発問に対しても意欲的に考えようとするのです。

(2) 教材に興味をもたせる3つのポイント

> ①教材を構成要素に分ける
> ②活用できそうな構成要素に着目する
> ③着目した構成要素を効果的に活用する工夫をする

①教材を構成要素に分ける

教科書教材は，いろいろな要素で構成されています。たとえば，次のような要素です。

題名，挿絵，写真，グラフ，地図，会話文，地の文，など。

教科書教材を効果的に活用するための第一歩は，教材がどのような要素で構成されているかを考えることです。教科書によっては，次のようなテーマや問いが書いてあるものもあります。

● 自由と責任

●「自由」と聞いて，どんなことを想像しますか。

これらも構成要素の1つです。

②活用できそうな構成要素に着目する

このように構成要素に分けて見ていくと，「これはおもしろいぞ」とか「興味を高めるのに使えそうだな」などというアイデアが浮かびはじめます。

たくさんの構成要素の中から，活用できそうなものに着目していきます。

③着目した構成要素を効果的に活用する工夫をする

活用できそうな構成要素に着目したら，どう活用すれば，教材に興味をもたせたり，問題意識を高めたりできるかを工夫します。このとき役に立つのが，「小さな道徳授業」（34 〜 35 ページ参照）の手法です。

手軽に活用しやすいのは，題名や挿絵です。

題名や挿絵をどう提示して，どんな発問をすれば，教材に興味をもたせたり，問題意識を高めたりできるかを，題名で考えてみましょう。

(3) 題名を生かす① 「『どうせ無理』をなくしたい」
（平成 30 年検定『とびだそう未来へ　中学道徳 1 』教育出版）

この題名を効果的に活用するには，どうしたらいいでしょうか。

たとえば，次のように展開するのです。

① 「どうせ無理」と板書する

> **発問 1**　この言葉を使ったことがありますか。

使ったことがあるという生徒に，具体例を発表させる。

② 「どうせ無理」に続けて「をなくしたい」と板書する

> **発問 2**　誰もがつい口にしてしまう「どうせ無理」という言葉をなくしたいと考えた人がいます。

　この発問をして，教材に掲載されている植松努さんの写真を提示する。

　このように題名をひと工夫して活用すれば，生徒は植松さんに興味をもち，「どうせ無理」をなくすことができるのだろうかという問題意識を高めます。このあと教材に出合わせるのです。

　挿絵や写真も，教材への興味をもたせたり，問題意識を高めたりするのに効果的です。なぜなら，

> 挿絵や写真は，教材のポイントとなる場面が取り上げられている

からです。

(4) 題名を生かす②「清掃はやさしさ」
（平成30年検定『とびだそう未来へ　中学道徳2』教育出版）

　羽田空港の清掃員として20年間働いている新津春子さんの清掃に取り組む姿勢を描いた話です。

　この教材には，右のような写真が掲載されています。授業の冒頭でこの写真を効果的に活用するためには，次のように展開します。

写真提供：松本健太郎（『掃除はやさしさ』ポプラ社刊）

①授業開始と同時に写真を提示して発問する

発問1　気づいたこと，考えたこと，はてなと思ったことは何ですか。

　次のような考えが出されるでしょう。

　「何か探しているのかな」「手に持っているモノは何だろう」「真剣な目つきをしている」

　そこで，2枚目の窓を拭いている写真を提示すると，清掃をしている人

であることに気づくでしょう。

② 「やさしさ」という言葉を空欄にして題名を提示する

> **発問2** どんな言葉が入ると思いますか。

「真剣に」「最後まで」「ていねいに」などという言葉が出されるでしょう。
そこで「やさしさ」という言葉を提示します。

写真を活用して新津さんの清掃する姿について考えさせたあと，「清掃は
やさしさ」という意表をつく題名と出合わせることによって，教材に対す
る興味をもつとともに，「やさしさとはどういうことだろう」という問題意
識も高まります。

道徳授業づくり ステップ3
❸ 思考を刺激する発問を工夫する

気持ちを問う発問では，生徒はあまり思考を刺激されません。
どうしたら，生徒の思考を刺激することができるのでしょうか。
発問を考えるときに留意しなければならないのは，次の2点です。

> ①生徒が知っていることを問うだけの発問になっていないか
> ②生徒が考えたくなる発問か

①生徒が知っていることを問うだけの発問になっていないか
知っていることを問うだけの発問を平気でしている授業を見かけます。
知っていることを問うだけの発問にも，2種類あります。
最もつまらないのが，話の内容を確認するだけの発問です。

「この話に誰が出てきましたか」

「この人物は，どんなことを言いましたか」

「次にこの人物は，何をしましたか」

　このようなわかりきったことでも確認しないと不安なのでしょう。生徒はまったく思考を刺激されないばかりか，考える気持ちも失せてしまいます。

　もう一つは，「今日のめあてから考えれば，先生はこう答えてほしいと思っているんだろうな」と生徒に思わせてしまう発問です。

　たとえば，

「きまりを守れなかったとき，この人物はどんな気持ちだったでしょう」と問われた生徒は，次のように答えます。

「きまりを守ることが大切だとわかっていたけれど，友達のためなら仕方ないという気持ちだったと思います」

「友達のためだとは思いながらも，きまりを破るのはよくなかったという気持ちだったと思います」

　きまりを守ることの大切さを考えることが授業の「めあて」なのですから，このように答えざるを得ないのです。生徒の思考が刺激されるはずがありません。

　発問を考えるときに，

> これは生徒がすでに知っていることを問いかけているだけではないか

ということを自問自答してみましょう。このような意識をもつだけで，つまらない発問を減らすことができるはずです。

②生徒が考えたくなる発問か

　発問を考えるときに大切なのは，

> 子どもが考えたくなる発問かどうか

を検討することです。

ここでは「小さな道徳授業」（34 ~ 35 ページ参照）での取り組みが生きてきます。「小さな道徳授業」を何度も行うことによって，次のような発問づくりのコツが見えてくるようになるのです。

　　（ア）意味を問う　（例…自由とは何ですか）

　　（イ）対立を生む　（例…この言葉に賛成ですか）

　　（ウ）比較させる　（例…比べて気づいたことは何ですか）

　　（エ）選択させる　（例…あなたならどの行動を選びますか）

　　（オ）挑発する　　（例…この言葉はおかしいと思いませんか）

　思考を刺激する発問を工夫することによって，「考える道徳」，「議論する道徳」の実現に近づくことができるのです。

道徳授業づくり　ステップ4

④ 身近な問題として意識づける

（1）価値観の押しつけになっていないか

　道徳授業の終末で，自分の考え方や価値観を長々と話している教師を見かけることがあります。おそらく次のような原因があるのでしょう。

- 授業の終末では，何かまとめをしないといけないと思っている。
- 授業で考えさせたかった内容が，不十分なまま終わりそうだという不安がある。

　これでは，価値観の押しつけになりかねません。大切な学びは，生徒自身がつかみとってこそ，意味があるのです。

　ですから，教師の役割として大切なのは，教材をとおして学んだ内容が，生徒自身にとって身近な問題であるという意識をもたせることです。

　身近な問題として意識づけるためには，

> 教材をとおして学んだ内容を自分の生き方にどう生かせるかを考えさせる

ことが大切です。このような思考を促すことが，日常生活における言動の変容につながっていくからです。

（2）身近な問題として意識づけるための2つのポイント

> ①学級や自分自身の現状を認識させる
> ②よりよい生き方につながる方法や考え方を検討させる

①学級や自分自身の現状を認識させる

　身近な問題として意識づけるためには，教材で学んだ内容をもとに，学級や自分自身の現状を認識させることが大切です。教材にすばらしい言動が取り上げてあれば，学級や自分自身は，そのような言動がどれくらいできているのかを考えさせます。逆に批判されるような言動が取り上げてあれば，学級や自分自身にそのような傾向はないのかを考えさせるのです。

　「まだ食べられるのに」（111 ～ 116 ページの授業プラン参照）という教材では，食品ロスを扱っています。

　この教材で取り上げている内容を身近な問題として意識づけるために，「今の自分は，消費者として胸をはることができそうですか」と問いかけています。この発問によって，食品ロスの問題が，自分自身にも関係ある問題だという意識が芽生えるのです。

②よりよい生き方につながる方法や考え方を検討させる

　学級や自分自身の現状を認識したら，よりよい生き方につながる方法や考え方を検討させます。グループや学級全体で検討させることにより，多様な方法や考え方を学び合うことができます。それらの学びの中から，自分にも一歩踏み出せそうなものを見つけられたら，言動の変容につながっていくはずです。

　「まだ食べられるのに」では，「消費者として胸をはることができるようになるためには，どうしたらいいでしょうか」という問いかけをしています。

食品ロスに取り組む多様な方法を知ることによって，身近な問題としての意識がより強く芽生えることでしょう。

4つのステップを生かした授業プランの作り方

次に，1つの教科書教材をもとに「道徳授業づくりステップ2　教材に興味をもたせる」の3つのポイントを生かした授業プランを考えてみましょう。

(1) 教材「不自然な独り言」に興味をもたせる3つのポイント
（平成30年検定『とびだそう未来へ　中学道徳1』教育出版）

［教材の概要］
　自転車を飛ばして家に向かっていた僕は，交差点で目の不自由な人を見かける。そのとき，母から聞いた「目の不自由な人は横断歩道を渡るときとても不安である」という話を思い出した。「赤ですよ。青になったら一緒に渡りましょう」と言ってあげたいと思いながらも口に出せなかった僕は，「さ，青になった。渡ろうっと」という不自然な独り言しか言えなかったことに，ホロ苦さを感じる。

① ポイント1　教材を構成要素に分ける
この教材を構成要素に分けると次のようになります（主な構成要素）。
　　●題　　名…「不自然な独り言」
　　●めあて…「思いやり」とは，どのようなものだろう。
　　●挿　　絵…横断歩道で立ち止まっている目の不自由な人（挿絵1）
　　　　　　　　自転車に乗って困った表情をしている僕（挿絵2）
　　●会話文…「赤ですよ。青になったら一緒に渡りましょう」
　　　　　　　「さ，青になった。渡ろうっと」

「青ですよ。一緒に渡りましょう」

●地の文…どうしても口から出てこない。

不自然な独り言を言って，これまた不自然にゆっくりと横
断歩道を渡った。僕は少しホッとしながら，ささやかな親
切すらできなかったホロ苦さを感じた。

このように構成要素を細分化することで，細部を見逃さなくなります。
細部に目が向くようになると，活用できそうな構成要素にもいろいろ気づ
くことができるようになります。

② ポイント2　活用できそうな構成要素に着目する

細分化した構成要素の中で活用できそうなものはどれかを考えます。

●題　　名…「不自然な独り言」

●挿　　絵…横断歩道で立ち止まっている目の不自由な人（挿絵１）
　　　　　　自転車に乗って困った表情をしている僕（挿絵２）

●会話文…「さ，青になった。渡ろうっと」

●地の文…僕は少しホッとしながら，ささやかな親切すらできなかっ
　　　　　たホロ苦さを感じた。

まず，「不自然な独り言」という題名がなかなかおもしろいと思いました。

独り言に「不自然」ということがあるのでしょうか。「不自然」というこ
とは，すでに独り言ではなく，誰かに聞かせるための言葉になっているわ
けです。この題名に，本時の「ねらい」に迫るためのポイントがあるとと
らえました。

[ねらい] 目の不自由な人に不自然な独り言しか言えず，ホロ苦さが残った
　　　　　「僕」の経験をもとに，困っている人に対して少し勇気を出して
　　　　　関わってみようという意識を高める。

次に，次ページの2枚の挿絵です。

左の挿絵１は，目の不自由な人を後ろから描いています。少しだけ見え
る白杖からどんな人なのかが想像できるようになっています。

右の挿絵2は,少年の困ったような表情が気になります。

この2枚の挿絵をうまく活用できないだろうかという考えが浮かんできます。

地の文「僕は少しホッとしながら,ささやかな親切

挿絵1　　　　　　挿絵2　　イラスト：久保夕香

すらできなかったホロ苦さを感じた」もなかなか考えさせられる表現になっています。ささやかな親切すらできなかったのだろうかという疑問が浮かんできます。

このように活用できそうな構成要素に着目していくことによって,少しずつ授業のアイデアが浮かんでくるようになってきます。

③ ポイント3 **着目した構成要素を効果的に活用する工夫をする**

活用できそうな構成要素が決まったら,それらを効果的に活用するための工夫を考えます。

教材に興味をもたせたり,問題意識を高めたりするためには,次のような授業の展開が考えられます。

(2)「不自然な独り言」の授業プラン
①挿絵1を提示する

> **発問1**　気づいたこと,考えたこと,はてなと思ったことは何ですか。

次のような考えが出されるでしょう。
- 歩行者用信号が赤になっている。
- 男の人が信号が変わるのを待っている。
- 目の不自由な人ではないか。

②挿絵1をしっかり読み取らせた後，挿絵2を提示する

> **発問2** この人は，たまたまこの交差点に来た人です。どうしてこんな表情をしているのでしょうか。

「目の不自由な人を心配しているのでは」という考えが出されるでしょう。

③題名を提示する

> **発問3** これから読む話は「不自然な独り言」という題名です。どういう話なのでしょうか。

挿絵と題名を活用して，このような授業を展開することによって，教材に興味をもつとともに，問題意識も高まるでしょう。

教材に出合わせたあとは，次のような思考を刺激する発問を工夫します。

> **発問4** 「さ，青になった。渡ろうっと」という言葉は，「不自然な独り言」ですか。

不自然だと思えば○，不自然ではないと思えば×を書かせます。

ほとんどの生徒は，不自然と考えることでしょう。不自然ではないという生徒がいれば，議論になるかもしれません。

「僕は少しホッとしながら，ささやかな親切すらできなかったホロ苦さを感じた」という文を読ませて発問します。

④思考を刺激する発問をする

> **発問5** 僕は「ささやかな親切すらできなかった」のでしょうか。

ここでも，できたのか，できなかったのかを考えさせます。ほとんどの生徒は「できたのではないか」と考えることでしょう。

そこでさらに発問します。

> **発問6** ささやかな親切ができたはずなのに，どうして「ホロ苦さ」を感じたのでしょうか。

授業の終盤では，身近な問題として意識づけることが大切です。

次のような発問のアイデアが浮かんできます。

⑤身近な問題として意識づける

> **発問7** 「赤ですよ。青になったら一緒に渡りましょう」と言えるようになる方法があるのでしょうか。

あるかないかを問うことによって，積極的な親切ができるようになるにはどうしたらいいかを考えさせます。

いろいろな方法の中から，自分が活用できそうな方法を選ばせることによって，実践意欲につなげていきましょう。

⑥ 授業づくりアイデアシートを活用する

教科書教材を効果的に活用するために開発したのが，右の「授業づくりアイデアシート」です。

ワークシートに記入すれば，コンパクトな指導案ができあがります。

このワークシートを活用して，毎週道徳授業づくりをすることによって，確実に授業力が高まります。

授業づくりアイデアシート

名前　　　　　　　　　　　　

1　その教材ならではの「ねらい」を設定しよう

```



```

2　教材に興味をもたせよう（問題意識を高めよう）

```



```

3　思考を刺激する発問をつくろう

```
①

②

③

④

⑤
```

4　身近な問題として意識づけよう

```



```

5　そのほかのアイデアを書こう（関連する資料、意識を持続させる方法など）

```



```

「小さな道徳授業」から始めよう

(1)「小さな道徳授業」とは

「道徳授業づくり 4つのステップ」(14ページ参照)を身につけるために勧めたいのが、「小さな道徳授業」づくりです。

「小さな道徳授業」とは、

> 5〜10分間の短時間でできる道徳授業

教師自身がいいなあと思った素材を活用して開発することができます。

右の絵本を見てください。

この絵本の表紙だけで「小さな道徳授業」をつくることができるのです。

授業プランを示してみましょう。

『もったいないからはじめよう！②
ごみがもったいない』学研(Gakken)

① 「ごみ」という言葉を隠して、絵本の表紙を提示し、どんな言葉が入るか考えさせる。

表紙の絵を手がかりに、いろいろな言葉が出されるだろう。

② 「ごみ」という言葉を提示して次の発問をする。

> **発問1** ごみがもったいないということがあるのでしょうか。

「ある」と思えば○、「ない」と思えば×を書かせて、少数派から考えを発表させる。

意見が対立すれば議論に発展する可能性もあります。これだけで「考える道徳」,「議論する道徳」になってくるのです。

(2)「小さな道徳授業」の構成とは

　「小さな道徳授業」の授業構成の基本は,

```
教材＋発問
```

です。
　ただし,次のような工夫が必要です。

```
①教材に興味をもたせる工夫をする
②思考を刺激する発問を工夫する
```

　ここで気づかれたと思いますが,この2つの工夫は,道徳授業づくりのステップ2・ステップ3と同じなのです。
　教材に興味をもたせたあと,発問を1つか2つするだけなので,朝の会の時間などを活用して行うことができます。ステップ4の「身近な問題として意識づける」というところまでやる場合には,次のような発問をします。

> **発問2**　あなたは,「ごみがもったいない」と言われるようなことをしていませんか。

　身近な教材を活用して「小さな道徳授業」づくりを行うことによって,教科書教材を活用するための「道徳授業づくり　4つのステップ」が身についてきます。教材によっては,「考える道徳」,「議論する道徳」をつくるヒントを得ることも可能なのです。

質の高い道徳授業をつくる力を身につけるために

「子どもたちにとって意味のある道徳授業をつくりたい！」

このように願っている教師が数多くいるにもかかわらず，どうして道徳授業の質が高まらないのでしょうか。

原因の一つは，「**道徳授業をつくる力を身につけていくためのステップが開発されていない**」からです。

自分でつくることができなければ，あまりおもしろくないと思っていても，教科書会社の指導書等に頼るしかないわけです。

このような現状を何とかしたいという思いで立ち上げたのが「新しい道徳授業づくり研究会（SDK）」(sdk-aichi-since2019.com) です。

SDK では，次の 3 つの視点で，「**自分で道徳授業をつくることのできる教師の育成**」をめざしています。

視点 1　小さな道徳授業づくり

視点 2　教科書教材を生かす道徳授業づくり

視点 3　新たに開発した教材を活用した道徳授業づくり

小さな道徳授業づくりから始めることによって，教科書教材を活用する力や開発した教材を活用する力が身についてきます。

第 1 回の SDK 全国大会（2019 年 8 月：愛知教育大学）で研究発表をしたある教師は，「自分の未熟さに気づかされた」と次のような感想を述べています。

> 子どもを刺激する発問，発問に至るまでの教材研究，教材研究をしていくうえでの理論など，自分の足らない部分にたくさん気づかせていただきました。その気づきのおかげで，「もっと道徳の授業がうまくなりたい」という気持ちが高まりました。

このような気づきを得た教師だけが確実に成長していくのです。

第3章

板書とノートを活用する

板書活用の基礎・基本

板書の役割は，大まかにいうと次の3点があります。

---

①**考えたくなるような課題を提示する**
②**授業の展開に応じて考えを深める材料を提示する**
③**学びの内容を構造化し新たな認識への気づきを促す**

---

①考えたくなるような課題を提示する

多くの板書では，課題やめあてが提示されています。

しかし，生徒が考えたくなるような課題やめあてが提示されているかということについては疑問があります。

ある小学校で見た授業では，次のように授業が展開されました。

教材の背景（季節など）について説明したあと，挿絵を貼る。
「今日のめあてです」と言って，

　　[あいてにしんせつにすることについてかんがえよう]

と書かれたカードを貼り，教材名を板書する。

このようなめあてや教材名の提示で，教材に興味をもったり，問題意識が高まったりするとは思えません。生徒が考えたくなるような課題やめあてとして提示されてこそ意味があるのです。

②授業の展開に応じて考えを深める材料を提示する

授業が展開していくにつれて，板書に書かれる内容や掲示される資料な

どが増えてきます。

　とくに目立つのは，ネームカードを貼って，生徒の発言のほとんどを書いている板書です。教師は生徒の発言を聞いて板書することで精いっぱいになってしまい，せっかくの生徒の発言が生かされないまま次の展開に進んでしまうのです。

　生徒にとっても，発言，発問，挿絵など，提示される情報量が多すぎて，何をどう考え

羅列的な板書の例

ればよいのかがわからなくなってしまっている授業も見受けられます。

　大切なのは，

> 考えを深める材料を提示すること

なのです。

　生徒の発言をすべて羅列的に板書するのではなく，発言をもとに検討している場面についてのとらえ方を整理し，どのような考え方が大切なのかを考える手がかりを提示すればいいのです。

③学びの内容を構造化し新たな認識への気づきを促す

　板書ができあがったとき，

> 最終的に生徒がそこから何を学べるようにするかを考えて構造化すること

が大切です。

　情報量が多すぎたり，発問カードの横に発言が羅列されているだけの板書では，どこが重要な考え方なのか，これから何を考えていくべきなのかなど，新しい認識への気づきを促すことが困難です。

新しい認識や深い認識に導くためには，学びの内容を構造化した板書にしていく必要があります。そのような板書にするために意識したいのは，次の点です。

①解決すべき問題点を明確にとらえさせる
②対比をもとに共通点や相違点に気づかせる
③登場人物の考えの変化とその要因をとらえさせる
④生徒の考えの相違点や変容を明確に示す
⑤生徒がこれからの生き方を考えるヒントを示す

板書を効果的に活用する

(1) 授業との相乗効果を生む板書

　板書は，授業展開と大きく関わっています。板書は目的ではなく，授業の効果を高めるための手段なのです。ですから，授業展開と関連づけて相乗効果を生むような板書を構成していくことが大切です。

　板書を効果的に活用する方法を教科書教材をもとに考えてみましょう。

　「清掃はやさしさ」（23 ～ 24 ページ参照）であれば，導入場面の板書を下のように構成していきます。

　まず，新津春子さんの写真（23 ページ）を黒板に貼り，「気づいたこと，考えたこと，はてなと思ったことは何ですか」と問いかけます。この教材には 3 枚の写真が掲載されていますが，どの写真から提示するかも板書を構成するときに重要な視点です。写真からだけでは，清掃する人なのかどうか

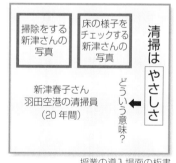

授業の導入場面の板書

はっきりしないので，生徒は興味をもつのです。

　さまざまな発言が出されるでしょうが，写真からの多様な気づきを共有すればよいだけなので，とくに板書はしません（本時のねらいにつながるような発言があれば，いくつかメモ程度に板書する場合もあります）。

　発言があれこれ出されたあと，ほかの写真を提示します。この写真によって，清掃をする人だと多くの生徒が気づきます。そこで，羽田空港で20年間清掃員として働いてきた新津春子さんであることを知らせ，板書します。

　次に，「これから読む新津さんの話の題名は」と言って，「清掃は [　　　　　]」と板書し，空欄の言葉を考えさせます。

　考えが出されたあと，「やさしさ」という言葉であることを知らせ，「『清掃はやさしさ』とはどういう意味なのでしょうか」と問いかけて話の内容に興味や問題意識をもたせ，教材と出合わせます。

（2）板書を構造化するポイント

　「不自然な独り言」（28〜32ページの授業プラン参照）では，次のような板書が構成できます。

板書例

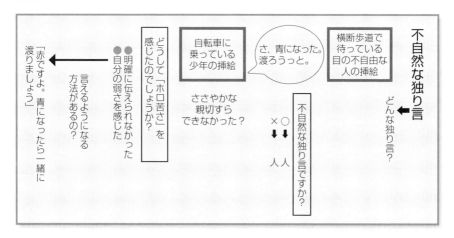

以下，この板書構成のポイントを挙げてみましょう。

①歩道橋で待っている目の不自由な人の挿絵を貼って，気づいたこと，考えたこと，はてなと思ったことを出させ，挿絵の状況を十分に把握させる。

②次に少年の挿絵を提示して，少し困ったような表情に着目させる。このように挿絵を提示していくことによって，教材への興味が高まってくる。

③題名を板書して，「不自然な独り言」とはどんな独り言なのか，どちらの人が言ったのかと問いかけ，さらに興味や問題意識を高めていく。

④教材を範読したあと，「さ，青になった。渡ろうっと」という少年の言葉を吹き出しにして板書する。「不自然な独り言ですか？」と板書して，○か×かで判断を迫り，「不自然な独り言」についての認識を深める。

⑤「ささやかな親切すらできなかった？」という問いを板書し，「不自然な独り言」だったとしても，「ささやかな親切はできたのではないか」ということを確認する。

⑥「どうして『ホロ苦さ』を感じたのでしょうか？」と板書し，多様な考えを引き出す。一つ一つの発言は板書せず，原因のとらえ方を整理して板書し，次の展開に生かす。

⑦少年が言いたかった言葉を板書して矢印を描き，言えるようになる方法があるかどうかを考えさせる。

❸ ワークシート・道徳ノート活用の基礎・基本

(1) ワークシートのメリットとデメリット

ワークシートを使った道徳授業をよく見かけます。

教師にとっては，授業展開に沿って記入させて発言させればいいので，

指導案どおりに展開しやすいというメリットがあるのでしょう。教育委員会によっては，ワークノートを作成しているところもあります。

　しかし，それらのワークシートやワークノートには，大きなデメリットがあります。

　決められた内容しか書かせられないということです。

　どの枠に何を書かせるかが印刷してあるので，それ以外のことが書かせられないのです。

　授業は生徒の考えを生かしてダイナミックに展開します。しかし，ワークシートがあると，枠に縛られて柔軟な授業を展開しにくくなります。

　ですから，ワークシートやワークノートを使わなければならない環境に置かれている教師からは，授業をやりにくいという声が聞こえてきます。

(2) 自由に活用できるワークシートとは

　ワークシートを活用するのであれば，

> 授業展開に応じて自由に活用できるワークシート

を作ってはどうでしょうか。

　私が小中学校で飛び込みで授業するときに活用しているのは，44ページのようなワークシートです。

　授業の展開に応じて，発問をしたあとに次のように指示します。

> 　Aの欄に，主人公の行動に賛成だったら○，反対だったら×を書いて，その理由も書きましょう。

> 　B君が，〜と言いましたが，その考えから学ばされたことをCの欄に書きましょう。

ある小学校で「失敗と書いて成長と読む」の授業（授業の詳細は拙著『必ず成功する！ 新展開の道徳授業』日本標準を参照）を行ったときに使ったワークシートの実例（生徒が書いたもの）を示しておきます。

記入欄は，A〜Eまで5つありますが，授業の流れによって，必要な数の欄だけ活用すればいいのです。

このワークシートのよさは，

> どんな授業でも活用できる

ということです。大量に印刷しておけば，授業ごとにワークシートを作らなくてもよいので，仕事量の軽減にもつながります。

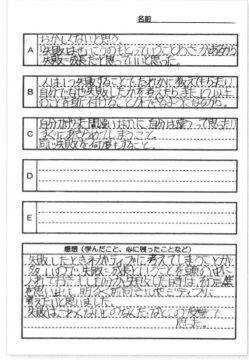

ワークシートの実例

(3) 道徳ノートを活用する

お勧めしたいのは，道徳ノートを作ることです（市販の方眼ノートなど）。道徳ノートを活用すれば，生徒の多様な考えを受け止めながら，柔軟に授業を展開することが可能になります。

ただし，ノートの基本的な構成は考えておいた方がよいでしょう。

たとえば次のような構成です。

> ①日付
> ②題名
> ③課題

④課題に対する自分の考え

⑤友達の発言を聞いて考えたこと

⑥学んだこと（学んだこと，心に残ったこと，これから生かしていきたいこと，自由な感想など）

以上のような基本的な構成だけ考えておいて，あとは授業の展開に応じて柔軟に活用していけばいいのです。

たとえば，ある生徒がユニークな発言をしたとします。

それが本時の「ねらい」に迫るために重要な発言だったとしたら，学級全員に考えさせる意味があります。そのような場合には，次のように言ってノートに考えを書かせるのです。

A君が，〜と言いましたが，この考えについてなるほどなあと思った人は○，少し違うなあと思った人は△を書いて，そう思った理由を考えましょう。

道徳授業では，さまざまな価値観が出てくるので，ある生徒の発言によって思わぬ方向に授業が展開していく場合があります。道徳ノートであれば，臨機応変に対応することが可能になるのです。

しかもノートなので，とじる必要がありません。1冊のノートから，一人ひとりの学びをとらえることができるのです。

私が学級担任をしているときには，1時間の道徳授業でノート2ページを使っていました。ノートには，柔軟な授業展開をもとに子どものさまざまな考えが書かれ，認識の変容をとらえることができました。

第3章 板書とノートを活用する

コラム ②

感性を磨く

　講演会や研修会で「小さな道徳授業」を紹介すると，多くの教師が興味を示します。「これくらいなら自分でもつくれそうだ」と思うからでしょう。このように思ってもらうことが，道徳授業を変える第一歩になると考えています。いくら立派な話を聞いても，「自分には無理」と思われたら，現実は何も変わらないからです。

　学校全体で「小さな道徳授業」に取り組んでいるところも増えてきています。そのような学校では，週１回朝の会の時間を「小さな道徳授業」として設定し，成果を上げています。

　初めて「小さな道徳授業」のことを知った教師からは質問が出ることもあります。たとえば，次のような質問です。

　「どうしたら，小さな道徳授業で活用できそうな素材を発見できるようになるのでしょうか」

　自分でつくるには，素材を発見しなければなりませんから，当然の質問です。私は次のように答えます。

　①何でも素材になるという意識をもつ

　②素材になると思ったらとりあえず入手する

　③気に入った素材で「小さな道徳授業」をつくって試してみる

　とくに大切なのは，「これは素材になると感じることのできる感性を磨く」ということです。

　ある小学校では，研修会場の図書室に貼ってあった「本を大切にしましょう」という言葉をもとに問いかけました。

　「この言葉をおもしろいと思いますか。これをおもしろいと思えたらなかなか鋭い感性をもっています」

　「小さな道徳授業」をたくさんつくることによって，感性も磨かれていくのです。

第4章

心を育てる評価とは

① 心を育てる評価の基本

　道徳科の評価を通知表や指導要録に書かなければならなくなったため，教師からは次のような不安の声が上がっています。

　「何をどのように書けばよいのかわからない」

　「ちょっとした所見を書くことに意味があるのか」

　「保護者や生徒に伝わる所見にするにはどうしたらよいのか」

　このような不安が高まるのは，

> 評価を書かなければならない

という意識ばかりが先走っているからです。

　「何をどう書くか」を考えるのではなく，そもそも評価とは何のためにするのかを根本に立ち返って考えることが大切なのです。

　『「特別の教科 道徳」の指導方法・評価等について（報告）』（道徳教育に係る評価等の在り方に関する専門家会議，2016年7月22日）では，「評価の基本的な考え方」について次のように述べています。

> 　そもそも評価とは，児童生徒の側から見れば，自らの成長を実感し，意欲の向上につなげていくものであり，教師の側から見れば，教師が目標や計画，指導方法の改善・充実に取り組むための資料となるものである。
> 　　　　　　　　　　　　　　　　　　　　　　　　　　　　（7ページ）

　これは，道徳授業だけでなく，すべての教科に通じる「評価の基本的な考え方」です。

　評価によって，児童生徒が「自らの成長を実感し，意欲の向上につなげ

ていく」ことができなければ，何の意味もありません。

　教師からすれば，児童生徒が「自らの成長を実感し，意欲の向上につなげていく」ことができなかったとしたら，自分自身の道徳授業がうまくいかなかったからではないか，と振り返るきっかけにすべきものなのです。

　さらに，先の報告では，次のように述べています。

　「道徳性の評価の基盤には，教師と児童生徒との人格的な触れ合いによる共感的な理解が存在することが重要である。その上で，児童生徒の成長を見守り，努力を認めたり，励ましたりすることによって，児童生徒が自らの成長を実感し，更に意欲的に取り組もうとするきっかけとなるような評価を目指すべき」との方向性も示された。（7ページ）

　このなかで重要な言葉はどれでしょうか。それは，

　共感的な理解

です。

　これもどの教科にも通じる評価の基本ですが，とくに「共感的な理解」をしやすいのが道徳授業です。どのような価値観も受け止めることが可能だからです。ところが，多くの道徳授業で見受けられるのは，教師が考える方向に誘導しようとする姿です。これでは「共感的な理解」どころか，「結局，先生は自分の考える方向で意見を出してほしいんだな」と生徒に感じさせてしまいます。

　生徒が，「この先生は自分のことをわかってくれる」と感じてこそ，評価も効果を発揮するのです。

　評価を生徒にとって意味のあるものにしたいのであれば，

　授業中の生徒のどのような発言も，まずはきちんと受け止めること

から始めましょう。

授業での学びを生かす

感想（学んだこと、心に残ったことなど）
ガマンしている人が いるかどうか 考えることが 大切だと思いました。 これからは、人に めいわくをかけていないか 考えながら 行動したいと思います。 人に めいわくをかけていたら、すぐに あやまる ことが大切だと思います。

　これは，中学校で「ガマンしている人がいます」という授業の終わりに生徒が書いた感想です。

　この授業は，下のポスターを活用して行ったものです（詳しい授業プランは，拙著『必ず成功する！新展開の道徳授業』日本標準を参照）。

　次のような「ねらい」を設定しました。

> ■自分の行動がまわりにガマンを強いていることがあることに気づかせ，迷惑をかけない言動をしようとする気持ちを高める。

　「迷惑をかけようと思っていなくても，知らないうちに誰かに迷惑をかけていることがあるかもしれない」ということに気づかせ，どうしたら迷惑をかけないように行動できるかを考えさせる授業です。

愛知県教育委員会「公共の場におけるモラル・マナー向上キャンペーン」ポスター

この授業を受けた生徒が書いた学びが，先に示した感想です。

　この感想から，どんなことが読み取れるでしょうか。生徒がさりげなく表現している文章から，何を読み取ることができるかが，評価の質を左右します。

　この文章から次の３つを読み取ることができます。

　　①「ガマンしている人が，いるかどうか考えることが大切だと思いました」 ➡ **新たな認識**

　　　　この生徒は，今まで自分が知らない間に誰かに迷惑をかけているかもしれないという認識がなかったのです。しかし，この授業で「もしかしたら自分もそういうことがあるかもしれない」ということに気づいたのです。

　　②「これからは，人にめいわくをかけていないか考えながら行動したいと思います」 ➡ **行動の指針**

　　　　新たな認識が生まれると言動の変容につながります。

　　　　この生徒には，「人にめいわくをかけていないかを考えながら行動したい」という行動の指針が芽生えています。

　　③「人にめいわくをかけていたら，すぐにあやまることが大切だと思います」 ➡ **実践意欲**

　　　　新たな認識が生まれ行動の指針が芽生えたら，まわりの様子に気づくことができるようになります。気づいたら「すぐにあやまることが大切だ」という実践意欲が高まっています。

　以上のように，生徒の学びを読み取ることができれば，評価を書くのはあまり難しくありません。この学びを生かして評価を書くのであれば，次のようになります。

> ■自分の行動が人に迷惑をかけていないかどうかを考えて行動しようとする意識が芽生えました。迷惑をかけていることに気づいたらすぐに謝ることが大切だと考えるなど，授業での学びを自分の生き方に生かそうとする姿勢が見られました。

③ 日常の言動の変容をとらえる

　ある学校から，次のような相談を受けました。

> ■道徳の評価をするときに，保護者の方に成果や伸びをどのように伝えればよいのでしょうか。

　通知表の所見として，学期1回程度の評価を書いても，保護者や生徒に成果や伸びを伝えることはできません。大切なのは，

> 日常的に道徳授業の成果や生徒の伸びを伝える

ということです。
　日常的に伝えているからこそ，わずか数行の通知表の所見の言葉が生きてくるのです。日常的に道徳授業による成果や伸びを伝えるにはどうしたらよいのでしょうか。
　勧めたいのは，

> 学級通信で伝える

ということです。
　学級通信は，

> 道徳授業の成果や生徒の伸びをリアルタイムで伝えることのできる強力な武器

なのです。

　学級通信で伝えたいことは，次の２点です。

---

　①道徳授業の様子をわかりやすく伝える
　②道徳授業によって生徒がどのように変容したかを伝える

---

①道徳授業の様子をわかりやすく伝える

　保護者には，毎週の道徳授業がどのように行われているかがよくわかりません。

　よくわからないのに，通知表で所見を読んでも，ピンとくるはずがありません。

　学級通信で道徳授業の様子をわかりやすく伝えておくことによって，所見の意味をより深くとらえることができるようになるのです。

　「道徳授業をわかりやすく伝える」ための留意点は次のとおりです。

- どのような授業をしたのかが具体的にわかるように伝える。
- その道徳授業で生徒がどのような発言をしたのかを伝える。
- 道徳授業で生徒が何を学んだか，感想文などを掲載する。
- 学級通信で取り上げた道徳授業を保護者がどのようにとらえたかを伝える。
- 参観日で実施した道徳授業に対する保護者の感想を伝える。

②道徳授業によって生徒がどのように変容したかを伝える

　道徳授業をわかりやすく伝えても，生徒の言動が何も変わらなかったとしたら，授業をした意味があるのか，という疑問がわいてきます。

　そこで大切になってくるのが，「道徳授業によって生徒がどのように変容したかを伝える」ということです。生徒の言動の変容を具体的に知ることができれば，道徳授業の意義を納得してもらうことができるのです。

　「道徳授業によって生徒がどのように変容したかを伝える」ための留意点は次のとおりです。

◉日常的な言動の変容を意味づけて伝える。

◉生徒同士がお互いの伸びをどのようにとらえているかを伝える。

小学校の事例ですが，下の学級通信を読んでみてください。

これまで述べてきたことの意味が理解できるのではないでしょうか。

このような学級通信を書くために教師に求められる力は，次の2つです。

①生徒のささやかな言動を受け止める感性
②ささやかな言動を的確に意味づける力量

　このような学級通信を発行することによって，保護者や生徒は，道徳授業の成果や伸びを感じることができるのです。

小学校 3年3組 学級通信　ハーモニー　No.9　2017. 5. 25

※ひとりひとりの音色（個性）を大切にして，39人だからこその音楽（学級）を創り上げたい

☆自分のことのように☆

帰りの準備ができたしゅうじくんが，ペットボトルのじょうろを持って「先生」と話しかけてきました。

手に，ペットボトルのじょうろを持っていたので，ホウセンカに水をあげるために，ベランダに出てもいいのか，聞きに来たのかなと思いました。

しゅうじくんは，小さな声で「先生，ももちゃんのホウセンカにもお水をあげてもいい？」と聞きました。

しゅうじくんの表情と小さな声から，お休みの子のホウセンカに気づき，水をあげたいけど，勝手にお水をあげてもいいのか心配になって，わざわざ確認をしにきてくれたんだなと思いました。

「水をあげていいよ。お休みの子の分まで気にしてくれてありがとう」と返事をすると，嬉しそうに水道のある方へ歩いていきました。

私は，しゅうじくんの心づかいに感動しました。また，感心しました。

ももかさんのホウセンカの鉢は，しゅうじくんの鉢のとなりにはありません。

ももかさんのホウセンカにお水をあげないといけないと気づくには，お休みの子のことがいつも頭にないといけないのです。自分のことばかり考えていては意識できないのです。

一般に4・5月の3年生は，まだまだ「自分のことがまず1番」「自分のことで精一杯，周りのことまで気にかけることができない」という子がほとんどです。その中で，お休みの子のホウセンカやお休みの子のホウセンカへの気持ちまで気づくことができたしゅうじくんは素晴らしいと思いました。

嬉しいことに，最近，3組では，しゅうじくんのように周りの友達のことまで気にかける子が増えてきました。そして，気づいたことを行動できる子が増えてきました。

運動会では，そろそろ終わりという頃，体調不良で早退した子がいました。

子どもたちは，その子がいないことに気がつくと，

「先生，かずひこくんは帰ったのですか？かずひこくんは，大丈夫ですか？」

「かずひこくんの椅子は誰が教室まで運びますか？運びましょうか？」

と，何人かが声をかけてくれました。子どもたちは，その子の体のことだけでなく，その子が座っていた椅子のことまで気にかけてくれたのです。

目の前の友達のことも，お休みの友達のことも，自分のことのように大切にできる子が，どんどん増えていくといいなと思います。

54

第 5 章

[４つのステップでつくる授業プラン]

定番教材をおもしろくする！

この章では，掲載教科書を下記のように略記：

『新しい道徳』東京書籍（東書）
『輝け未来　中学校道徳』学校図書（学図）
『中学道徳　とびだそう未来へ』教育出版（教出）
『中学道徳　きみが いちばん ひかるとき』光村図書（光村）
『中学道徳　あすを生きる』日本文教出版（日文）
『中学生の道徳　明日への扉』学研教育みらい（学研）
『中学生の道徳　自分を見つめる』廣済堂あかつき（廣あかつき）
『道徳　中学校１　生き方から学ぶ』
　　　　　（２　生き方を見つめる・３　生き方を創造する）日本教科書（日科）

＊すべて平成 30 年検定版　＊学年は当該ページに表記
＊授業プランで挿絵を取り上げた教科書は□□□囲みで示した。

銀色のシャープペンシル （1年）

掲載教科書 東書・学図・光村・廣あかつき・日科

【教材の概要】

　教室のそうじをしているときにたまたま銀色のシャープペンシルを拾った僕は，軽い気持ちで自分のものにしてしまう。ところが１週間後の理科の時間，シャープペンシルを取り出すと，仲よしの卓也から「そのシャープ，僕のじゃ……」と言われ，幼なじみの健二からは「卓也のシャープとったのか」とはやし立てられてしまう。返しそびれた僕は，卓也のロッカーにシャープペンシルを突っ込んで返すが，家に帰ってもそのことが気になっていた。そこへ卓也から，シャープペンシルが見つかったことと疑ったことに対する謝罪の電話があった。電話のあと家の外に出てあてもなく歩き出した僕は，卓也に黙ったままでいいのか心が揺れ動く。過去の出来事を思い出したり，夜空の星を見上げたりしているうちに，やがて卓也の家に向かって歩き出した。

【道徳授業づくり ４つのステップ】

1 その教材ならではの「ねらい」を設定する

　　この教材で最も考えさせたいのは，主人公が次のように反省する場面である。

　　「自分の悪さを棚に上げ，人に文句を言ってきた。いつもそうして自分を正当化し続けてきたんだ。自分のずるさをごまかして」

　　このような心の傾向は誰にでも少なからずあるものである。だからこそ，それをどうしたら乗り越えられるのかを考えさせたい。

2 教材に興味をもたせる（問題意識を高める）

　　ほとんどの生徒は，新しいシャープペンシルが落ちていたら，届ける行動をとるだろう。それを確認したあと，教材の冒頭の文章を活用して，シャープペンシルをつい自分のものにしてしまったことによっ

授業づくりアイデアシート

名前 _____

1 その教材ならではの「ねらい」を設定しよう

自分のずるさをごまかして自分を正当化しても解決したことにならないことや、気持ちが晴れないことに気づき、自分のずるさを受け止め正しい行動をしていきたいという意識を高める。

2 教材に興味をもたせよう（問題意識を高めよう）

教科書の冒頭部分（教室の机も並べ終えたし（省略）芯も何本か入っているようだ）を提示し、その後、僕はどうすると思うか3択（①持ち主を探す②落ちていた場所に戻す③自分のポケットに入れる）から選択させる。その後の展開を予想させ興味をもたせる。

3 思考を刺激する発問をつくろう

① 教材文「拾っただけの僕が（省略）心が狭いんだよ」を提示し、「僕の気持ちに共感できますか」と問う。
② 卓也が勘違いだと言っているんだから、このまま黙っていた方が2人のためになるのでは。
③ 「自分のずるさを棚に上げ（省略）自分のずるさをごまかして」という文を提示し、「このような経験はありますか」と問う。
④
⑤ 卓也の家に向かう僕に一言声をかけるとしたら あなたは何と言うか。

4 身近な問題として意識づけよう

自分のずるさをごまかし、自分を正当化しようとする気持ちは、教材の中だけでなく誰にでもあることだと気づかせたい。そのため、自分にもそのような経験はないか考えさせる。
「自分のずるさをごまかして正当化してきたからその場をうまくやりすごすことができたので、これからもごまかし続けてもいいのでは」と問うことで、ずるさをごまかすことについて深く考えさせたい。

5 そのほかのアイデアを書こう（関連する資料、意識を持続させる方法など）

授業の感想を書かせる際、自分のずるさを乗りこえた経験があれば、その時のエピソードを書くように 指示をする。そのエピソードを主人公の僕の挿絵と印象づけたい僕の言葉と共に紙にまとめ 教室に掲示し、生徒の意識の持続を図る。

て発生したトラブルに対する問題意識を高めたい。

3 思考を刺激する発問を工夫する

　思考を刺激する発問の工夫の一つとして，挑発する発問がある。この教材の場合，落ちていたシャープペンシルを，軽い気持ちで自分のものにしてしまった僕の悩みがつづられている。そこで，「シャープペンシルくらいでそんなに悩まなくてもいいのでは」という問いかけをもとに，僕の悩む理由について思考を深めさせたい。

4 身近な問題として意識づける

　自分のずるさをごまかし，自分の言動を正当化しようとする気持ちは誰にでもある。それを認めたうえで，乗り越える方法があるのかを考えさせたい。生徒から出た考え方を共有することによって，乗り越えたいという意識を高めたい。

【本時のねらい】
（内容項目：よりよく生きる喜び）
　自分のずるさをごまかそうとすると心の中がいつまでも晴れないことに気づき，自分を正当化しようとする気持ちを乗り越えたいという意識を高める。

【授業プラン】
① シャープペンシルが落ちていたら

　右の挿絵を提示して，少し間をおき，挿絵の状況をとらえさせたあとに言う（教室の床にほこりにまみれたシャープペンシルを置いて写真を撮り，それを提示してもよい）。

「そうじ時間に，綿ぼこりや紙くずに混じって，まだ新しい銀色のシャープペンシルを見つけました」

> **発問1** あなたは，そのシャープペンシルをどうしますか。

ほとんどの生徒は，「落とし物として届ける」と答えるだろう。

反応を受け止めて，さらに問いかける。

「自分のシャープペンシルをなくしたばかりだったとしたらどうしますか」

それでも，届けるという生徒が多いだろう。

「銀色のシャープペンシル」と板書し，

「この話は，次のように始まります」

と言って，冒頭部分を読む。

【概要】

　教室のそうじをしていた「僕」は，ごみを片付けていた。そのとき，ごみに混じって銀色のシャープペンシルが落ちているのを見つける。ちょうど自分のシャープペンシルをなくしたところだった「僕」は，軽い気持ちでそれをポケットにしまってしまう。

「この行動が，このあとちょっとしたトラブルになり，僕を悩ませることになっていくのです」

と言って，続けて教材を範読する。

授業のポイント■冒頭の文章で教材への興味や問題意識を高める

　落ちていたシャープペンシルを軽い気持ちで自分のものにしてしまった僕の行動がトラブルを引き起こすことを伝えることによって，どんなトラブルが起きたのだろうという興味や問題意識を高め，教材の世界へ引き込んでいく。

---

②悩む気持ちを考える

　範読したあと，発問する。

発問2　健二から「とったのか」と言われたとき，「拾った」と言えば
　　　　よかったのに，どうして言えなかったのでしょうか。

次のような考えが出されるだろう。

● 軽い気持ちで拾っただけなのに，悪いことをしたかのように言われ
　てしまったので言いにくかったから。

● つい自分のものにしてしまったことをよくない行動だったと気づい
　たが，みんなの前でせこいやつと思われたくなかったから。

僕の思いをあれこれ想像させたあと，発問する。

発問3　シャープペンシルくらいで，こんなに悩まなくてもいいので
　　　　は，と思うのですが，僕の悩む気持ちがわかりますか。

次の4段階で選ばせ，理由を書かせる。

多くの生徒は，4か3を選ぶだろう。

```
よくわかる　4　3　2　1　わからない
```

全員が書けたところで人数を確認し，自由に交流させる。3人と交流し
たら席に戻らせて，自分の考えを見直したり付け加えさせたりする。

次のような考えが出されるだろう。

● 落とし物を黙って自分のものにしてしまったから。

● 卓也のものだとわかったのに，自分のものだと言ってしまったから。

● 卓也に何も言わないでこっそり返してしまったから。

● 卓也は悪くないのに，謝られたから。

● 卓也を裏切っているという気持ちがあるけれど，本当のことを言い
　出せずにいるから。

┌───┐
　授業のポイント ■ 挑発する言葉で思考を刺激する

　話の内容を再確認する発問では，生徒の思考は刺激されない。そこで「シャープペンシルくらいで」という言葉を使うことによって挑発し，僕の悩む気持ちの複雑さを生徒に発見させるように仕向けていく。
└───┘

　考えが出尽くしたところで，
「こんなに悩んでいたのに，思い切り深呼吸をして卓也の家に向かって歩き出しましたね」
と言って発問する。

┌───┐
　発問4　僕の背中を押したものは何でしょうか。
└───┘

　次のような考えが出されるだろう。
- 合唱のときのような後悔はしたくないという気持ち。
- このままだとまた同じようなことをしてしまうかもしれないという思い。
- いつまでもずるい自分でいたくないという気持ち。

③ずるさを乗り越えるには

　僕の背中を押したものについての考えを十分に共有したあと，発問する。

┌───┐
　発問5　自分のずるさをごまかして，自分を正当化しようとする気持ちは誰にだってあると思います。そんな気持ちを乗り越える方法があるのでしょうか。
└───┘

　あるかないか選ばせて，その理由を書かせる。
　グループで一人ひとりの考えを発表させ，乗り越える方法があればアイデアを出し合わせる。話し合いが一段落したところで，グループごとに議

論の結果を報告させる（前向きの考えだけでなく，乗り越えるのはなかなか難しいというような考えも報告させるようにすることによって，建前で終わらないようにする）。

次のような考えが出されるだろう。

- その場はごまかせても，いつまでも悔いが残ってしまうことを意識する。
- 自分のずるさに気づく人が必ずいると考える。
- 自分のずるさを認めることは大切だが，自分から言うのは難しいかもしれない。
- ごまかせそうだったら，あえて言わないで済ませてしまうかもしれない。

本時の学び（学んだこと，心に残ったこと，これから生かしていきたいことなど）を書かせて授業を終える。

板書例

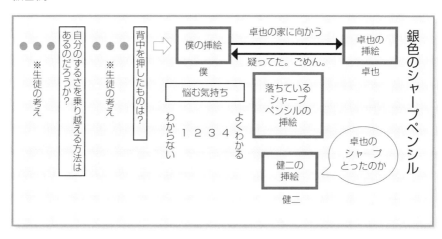

2 裏庭でのできごと 〔1年・2年〕

掲載教科書　1年：教出・光村・日文・学研・廣あかつき　2年：学図

【教材の概要】

　健二と大輔と雄一が，昼休みにサッカーをしようと体育館の裏庭に行ってみると，1匹の猫が物置の軒下の鳥の巣に侵入しようとしていた。雄一がボールを猫目がけて投げると猫は驚いて逃げたが，物置の天窓のガラスを割ってしまう。雄一が先生を呼びに行っている間に2人はボールを蹴って遊びはじめ，さらにガラスを割ってしまう。大輔は，健二がもう1枚割ったことを隠して先生にうまく謝り校庭に行ってしまう。残された2人の間には気まずい雰囲気が漂う。

　授業後，健二は大輔に先生に言いに行くことを伝えるが，大輔から俺の立場が悪くなると言われてしまう。健二は，次の日，大輔のことを気にする雄一に，先生のところに行くことを伝え，職員室に向かう。

【道徳授業づくり　4つのステップ】

①その教材ならではの「ねらい」を設定する

　　友達の立場が悪くなったとしても，自分の非を認めないで隠し続けることがいかに気の重いことであるかを考えさせることが，この教材のポイントである。

②教材に興味をもたせる（問題意識を高める）

　　この教材では，挿絵と題名をうまく活用することによって，問題意識を高めることができる。とくに挿絵の1枚目では，窓ガラスが割れていることやボールを持っている生徒がいることから，何かまずいことをやってしまったのではないかということに気づかせることが可能である。挿絵の情報を十分に読み取らせたところで「裏庭でのできごと」という題名を提示し，教材への興味をもたせたい。挿絵と題名を有効に活用しよう。

③思考を刺激する発問を工夫する

　　大輔が先生にうまく言ってくれたことによって，雄一や健二は窓ガラスを割ってしまった責任をうまく逃れることができそうである。しかし，それでいいのかという思いが健二の気持ちを突き動かし，先生に正直に言いに行こうとしている。この点についての思考を促す発問を工夫することが授業づくりのポイントとなる。

④身近な問題として意識づける

　　中学生は，教師や保護者との関係よりも友達との関係性が重要になってくる。だからこそ，友達だからという理由で不都合な事実を隠してもよいのか，自分だったらどうするのかを考えさせたい。

【本時のねらい】

（内容項目：自主，自律，自由と責任）

　健二の言動から，友達に不利になるからという理由で不都合な事実を隠すと，心が晴れないことに気づき，正しい行動をしようとする意識を高める。

【授業プラン】

①裏庭で何が起きた？

　1枚目の挿絵（窓ガラスを割ってしまい，3人で話している挿絵）を提示して登場人物を確認したあと，発問する。

イラスト：いなとめまきこ

> 発問1　気づいたこと，考えたこと，はてなと思ったことは何ですか。

┄┄┄┄┄┄┄┄┄┄┄┄┄┄┄┄┄┄┄┄┄┄┄┄┄┄┄┄┄┄┄┄┄┄

授業のポイント■プレッシャーを与えて思考を促す

　導入で全員に思考を促すことが大切である。何も考えない生徒がいないように，次のように言う。「誰かに発表してもらうので，2つ以上

授業づくりアイデアシート

名前 _____

1　その教材ならではの「ねらい」を設定しよう

> 友達との関係が悪くなることをおそれて真実を隠し続けると、心が晴れないことに気づかせ、正しい行いをしていこうとする気持ちを高める。

2　教材に興味をもたせよう（問題意識を高めよう）

> 1枚目の挿絵を一部（割れた窓と鳥の巣）ぼかして提示し、気づいたこと考えたこと はてなと思ったことを問う。その後、ぼかした部分を見せ、「裏庭でのできごと」という題名を伝え、どんな内容かを考えさせ教材に興味をもたせる。

3　思考を刺激する発問をつくろう

> ① 雄一が割れた窓ガラスのことをごまかしてくれたのだから健二は伝えなくてもいいのでは。
> ② 健二は、どうして大輔の立場が悪くなるのに真実を伝えに行ったのだろう。
> ③ 自分が健二の立場だったら、先生に真実を伝えに行くことができただろうか。
> ④ 3人の関係で気になることはないか。
> ⑤ 悪いことをしたことを隠していることはよくないことだと分かっているのに言えないのはなぜか。

4　身近な問題として意識づけよう

> 雄一と健二の 挿絵を提示して「ばれなければ悪いことをごまかす人」それとも 人間関係や自分の立場が悪くなっても「不都合な事実を公表できる人」どちらの人でいたいかを考えさせる。

5　そのほかのアイデアを書こう（関連する資料、意識を持続させる方法など）

> 3枚目の健二の挿絵と健二の言葉（「僕、やっぱり松尾先生のところに行ってくるよ」）と生徒が考えた真実を伝えることの大切さを1枚の紙にまとめ教室に掲示する。

　列指名やランダム指名で，発表させる。次のような考えが出されるだろう。
　　●窓が割れている。
　　●鳥の巣がある。
　　●困ったような顔をしている。
　　●ボールをぶつけたのかな。
　　●ボールを持っている生徒が割ったのかな。
　挿絵の状況を読み取らせたところで，「裏庭でのできごと」という題名であることを知らせて板書し，「いったいどのような話なのでしょうか」と問いかけ，教材に興味をもたせる。

②言いに行く理由とは

　教材を範読したあと，２枚目の挿絵（職員室に向かう健二の挿絵）を提示して発問する。

発問２　先生がわかってくれたのに，なぜ健二は言いに行こうとしているのか理由がわかりますか。

　理由がわかれば〇，わからなければ×を選ばせて理由を書かせる。

授業のポイント■二者択一で全員参加させる

　〇か×を選ばせることによって，全員参加の授業にすることができる。まずは自分の考えをもたせることが大切である。

　次のような考えが出されるだろう。
【〇の理由】
　　●自分にとって不都合な事実を隠しておきたくないから。
　　●正直に言わないといつまでも悩むから。

【×の理由】

●わざわざ叱られる必要はないのに，なぜ言いに行くのかわからない。

●せっかく大輔がうまく言ってくれたのに，その大輔の立場を悪くする行動が理解できない。

議論になりそうな考えが出されたら取り上げて話し合わせる。

「大輔の立場が悪くなるのに」という考えが出なければ，次の発問をしてもよい。

発問3 大輔の立場が悪くなっても，言わなければならないのでしょうか。

考えが出尽くしたところで，次の発問をする。

発問4 これから3人の関係はどうなっていくでしょうか。

良くなる，悪くなる，変わらないという3つの選択肢を提示して選ばせ，理由を書かせる。次のような考えが出されるだろう。

【良くなる】

●健二が正直に言ったことによって，3人の気持ちがすっきりするから。

【悪くなる】

●大輔が叱られることになって，うまくいかなくなるかもしれないから。

【変わらない】

●しばらくは気まずくなるかもしれないが，これまでも友達だったのだから，時間がたてばもとに戻ると思うから。

③自分は言えそうか

発問5 あなたは，友達との関係が悪くなる可能性があっても，言うべきことを言えそうですか。

次の４段階で自分のことを判断させ，理由を書かせる。

言えそう　4　3　2　1　言えないかも

グループで考えを交流させたあと，自分の考えを見直させて発表させる。
次のような考えが出されるだろう。
　●言うべきことを言わないと，これからもずっと言えなくなるから。
　●友達の気持ちを考えると，言うのは難しいと思う。
最後に，学んだことを書かせて授業を終える。

板書例

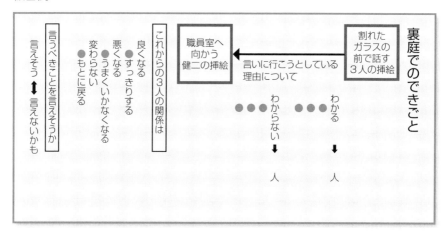

③ 夜のくだもの屋 （1年・2年）

掲載教科書　1年：廣あかつき　2年：学図・教出・日文

【教材の概要】

　少女は，合唱部の練習で毎日真っ暗になるころ帰宅していた。少女の住む町外れの団地近くの商店街は早い時間に閉まってしまい人通りも少なかったので，心細さを紛らすために，コンクールの課題曲を歌いながら帰っていた。ある日，団地の入り口近くにある小さなくだもの屋が夜遅い時間にもかかわらず開いていて明々と明かりがともっていた。その日からくだもの屋は，毎日明かりがともされていて，暗い夜道も心を落ち着けて帰ることができた。

　コンクールが終わって，早く帰宅できるようになったある日のこと，少女は，入院している合唱部の友達の見舞いの品を買うために小さなくだもの屋に立ち寄った。そして，店のおばさんの話から自分のために明かりをともしていてくれたことを知り，いちばんのお見舞いになる土産話ができたと思う。

【道徳授業づくり　4つのステップ】

①その教材ならではの「ねらい」を設定する

　　この教材でいちばん考えさせたいのは，少女のために，夜遅くまで店を開けて明かりをともしてくれたくだもの屋の人たちの心づかいのすばらしさである。そのすばらしさは，次の点にある。

●相手が見ず知らずの少女であるにもかかわらず，心づかいしていること。
●相手が心づかいに気づくかどうかなど関係なくやっていること。

②教材に興味をもたせる（問題意識を高める）

　　まず，真っ暗な中で明かりがともっているくだもの屋の挿絵から，気づいたことなどを発表させて話の背景をとらえさせる。そのあと「夜のくだもの屋」という題名を提示し，「ここですてきなことが起きる」という予告をすることによって，教材に対する興味や問題意識を高める。

思考を刺激する発問を工夫する

　この教材では，くだもの屋の人たちの少女に対する心づかいのすばらしさを感じさせることがポイントとなる。そこで，いいなあと思ったことをできるだけ発見させるようにする。その中から，くだもの屋の人たちの心づかいのすばらしさを考えさせる発問を工夫することによって，この教材ならではの思いやりや感謝の意味に気づかせることができる。

4身近な問題として意識づける

　少女が「いちばんお見舞いになる土産話ができたと思った」理由を考えさせたあと，家族や友達に聞かせたい（聞かせたことのある）土産話を思い出させる。そうすることによって，自分も誰かの心づかいを受けたことがあることを確認させ，改めて感謝の気持ちを高めたい。教師自身も自分の体験談などを準備しておくとよい。

【本時のねらい】

（内容項目：思いやり，感謝）

　見ず知らずの少女のために夜遅くまで店を開けて明かりをともしてくれたくだもの屋の人たちの心づかいのすばらしさに気づき，自分も誰かに感謝の気持ちを伝えたいという思いを高める。

【授業プラン】

①くだもの屋さんで起きることとは

　挿絵を提示して発問する。

イラスト：岡田知子

発問1　気づいたこと，考えたこと，はてなと思ったことは何ですか。

授業づくりアイデアシート

名前 _____

1　その教材ならではの「ねらい」を設定しよう

> 　顔も名前も知らない少女を安心させてあげようと夜遅くまで店を開けて明かりを
> つけていたく果物屋の心づかいに気づき、自分も周りの人に気を配れる人になりたいと
> いう意識を高める。

2　教材に興味をもたせよう（問題意識を高めよう）

> 　1枚目の挿絵を提示して気づいたこと、考えたこと、はてなと思ったことを問う。その後、教材文
> 「団地の入口近くに … 別に変わったことがあったようでもない」と題名「夜のくだもの屋」を紹
> 介する。生徒が内容を想像しはじめたところで「別に変わったことがあったようでもないのに、ど
> うして果物屋は夜遅くまで店を開けていたのだろうか」と問い、教材に興味をもたせる。

3　思考を刺激する発問をつくろう

> ①少女は果物屋の心づかいに感動した。果物屋のどんなところに感動したと思うか。
> ②果物屋はどうして少女が心細いと感じていることに気づくことができたのか。
> ③あなたなら顔も名前も知らない人のために果物屋のような心づかいができるか。
> ④少女は、入院している友達にどんな土産話をすると思うか。少女のつもりで話してみよう。
> ⑤あなたの周りに果物屋のような心づかいができる人はいるか。それは誰か。

4　身近な問題として意識づけよう

> 　学級の生徒が心づかいをしている場面や生徒に関わる周りの人が生徒に対して
> 心づかいをしている場面を予め写真に撮っておき、終末部分で提示する。写真を提示する
> ことで、生徒に心づかいができる場面を捉えさせるとともに、自分たちが身近な人に気づ
> かってもらっていることに気づかせる。

5　そのほかのアイデアを書こう（関連する資料、意識を持続させる方法など）

> 　帰りの会に「今日の土産話」というコーナーを設定し、その日、自分が誰かにしてもらった
> 心づかいを発表させる。　出された土産話の1つを帰宅したら、家の人に話すことを
> 宿題として出す。翌日の朝の会で、家の人がどんな反応をしたか話し合わせる。

次のような考えが出されるだろう。

●学校帰りかな。暗くなっているけど，何時くらいかな。

●くだもの屋さんかな。

●夜も営業しているのかな。

考えが出されたところで，

「これから読む話は，『夜のくだもの屋』という話です（と言って板書する）。このくだもの屋さんでとてもすてきなことが起こります。いったいどんなことだと思いますか」

と言って興味関心や問題意識を高めたあと，教材を範読する。

②いいなあと思ったところは

範読後，発問する。

> **発問2** いいなあと思ったところはどこですか。

発問のあと，次の指示をする。「3つ発見して書きましょう。時間は3分間です」。早く書き終えた生徒には，4つめ，5つめを発見するように指示する。

> **授業のポイント■空白の時間をつくらない**
> 作業指示を与えると，進捗状況に個人差が出てくる。たとえば，1分間で書き終えた生徒は，残りの2分間何もしない空白時間となってしまう。そのような生徒には，さらに発見するよう促して，思考が持続するようにする。

ほとんどの生徒が3つ以上書き終えたら，隣同士で1つずつ出し合わせて交流させる。そのとき，なぜいいと思ったかという理由を言わせるようにする。交流をして付け加えたいことがあれば書かせ，何人か発表させる。

次のようなところが出されるだろう。

●お父さんがお礼にりんごでも買っていくかと言ったところ。

●店の明かりを，りんごの形で少しばかり分けてもらったような気が
　したというところ。

●お見舞いの品を，小さなくだもの屋さんで買っていこうとしたところ。

●コンクールの課題曲を□ずさんでいたところ。

●店の明かりをつけておいてくれていたところ。

●いちばんお見舞いになる土産話ができたと思ったところ。

考えが出尽くしたところで，発問する。

発問3　このくだもの屋さんの心づかいのすばらしさがわかりますか。

「よくわかる」「少しわかる」「あまりわからない」の３つから選ばせて理
由を書かせる。多くの生徒は「よくわかる」を選ぶだろう。理由が書けたと
ころで，教室内を自由に動いて３人と交流させる。交流が終わったら席に
戻り，自分の考えを見直させて新たな気づきや考えなどを付け加えさせる。

授業のポイント■交流させて思考を深める

　選択肢を示すことによって，全員が授業に参加できるようにする。
理由を書かせたあと，自由に３人と交流させることによって，主体的，
対話的な学びを促す。交流後は，自分の考えを見直させて付け加えさ
せることによって，深い学びにつなげる。

次のような考えが出されるだろう。

●見ず知らずの女の子のために，店を開けておいてくれた。

●相手は気づかないかもしれないのに，明かりをつけておいてくれた。

●お客さんでもないのに，明かりをつけておいてくれた。

発問4　少女は，なぜ「いちばんお見舞いになる土産話ができた」と思っ
　　　　　たのでしょうか。

考える時間をしばらくおいて隣同士で交流させたあと，発表させる。次のような考えが出されるだろう。

- ●入院している友達も，すてきな話を聞くと心がさわやかになるから。
- ●合唱部の練習をがんばっていた自分のためにお店がしてくれた心づかいは，入院している友達も喜んでくれるから。
- ●気遣ってくれただけでなく，自分たちが一生懸命取り組んできたコンクール課題曲を口ずさむほど覚えてくれたから。

③自分の土産話を考える

> **発問5**　あなたには，家族や友達に聞かせたい（聞かせたことのある）土産話がありますか。小さな出来事でいいので思い出してみましょう。

　話せそうな生徒を数名指名して発表させる。生徒の発表のあと，教師自身の体験談や聞いた話などがあれば話す。
　本時の学び（学んだこと，心に残ったこと，これから生かしていきたいことなど）を書かせて授業を終える。

板書例

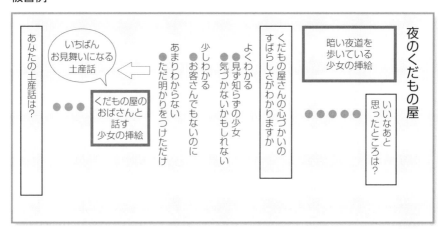

卒業文集最後の二行 〔1年・3年〕

掲載教科書　1年：学図　3年：教出・日文・学研・廣あかつき

【教材の概要】

　今でも深い後悔をしている筆者の回想が描かれている。筆者は，小学校の頃に同級生のＴ子さん（早くに母親を亡くし，経済的に恵まれないため，服装も汚い）に対して，いじめていただけでなく，テストの答案を盗み見た自分の行為をＴ子さんのせいにする。それまでいじめに耐えていたＴ子さんは，泣き叫びながら走り去ってしまう。やがて卒業式を迎え，筆者はＴ子さんが書いた卒業文集最後の二行を読んで枕を濡れに濡らす。

【道徳授業づくり　4つのステップ】

①その教材ならではの「ねらい」を設定する

　　小学生時代にしてしまった差別やいじめが，今でも深い後悔の念として筆者の心に残り続けていることを描いている点が本教材の特徴である。授業では，この点を生徒の心に印象づけることがポイントになる。

②教材に興味をもたせる（問題意識を高める）

　　教材の出合わせ方のポイントは，題名の活用である。「卒業文集最後の二行」に書くことといえば，普通は未来への希望などが中心となるはずである。ところが，この教材では，「本当の友達」や「きれいなお洋服」が欲しいと書かれている。このズレを活用して問題意識を高めたい。

③思考を刺激する発問を工夫する

　　差別やいじめがよくないことは生徒も十分に知っていることである。だからこそ，授業にあたっては，より深い認識につながる工夫を行うことが大切となる。そこで，思考を刺激する発問として，「なぜこんなに大人になっても悔いが残り続けるのか」「長い間悔いが残っていれば，差別やいじめをしたことは許されるか」ということを問いかけ，差別や

いじめがその後の人生に与える影響について考えさせる。

④**身近な問題として意識づける**

　　中学生くらいになると，多くの生徒が差別やいじめに関わった経験を
もっていると考えられる。教材で考えたことを身近な問題として意識づ
けるために，「自分に残っている心の傷」に目を向けさせる。

【本時のねらい】

（内容項目：公平，公正，社会正義）

　理不尽な差別やいじめをすると，した側に長く後悔の念が残り続けるこ
とに気づき，差別やいじめをしないようにしたいという意識を高める。

【授業プラン】

①「卒業文集最後の二行」とは

「卒業文集最後の二行」と板書して発問する。

発問1　卒業文集に作文を書くとしたら，最後の二行はどんな文で締め
　　　　くくりますか。

次のような考えが出されるだろう。

- とても楽しい中学校生活だった。高校に行ってもがんばりたい。
- 部活をがんばったことが一番の思い出だ。高校でも部活で自分を鍛
  えていきたい。
- 努力が足りなかったことを反省して，もっともっと努力できるよう
  な高校生になりたい。

　出された考えを受け止めたあと，「これから読む話は小学校の『卒業文集
最後の二行』という話です。次のような二行を書いた人が出てきます」と言っ
て次の文を提示する。

　　わたしが今いちばん欲しいのは母でもなく，本当のお友達です。そ

76

授業づくりアイデアシート

名前 _____

1 その教材ならではの「ねらい」を設定しよう

いじめられた側だけでなく、いじめていた側にも後悔、心の傷が残り続ける
　　　　　　　　　　　　　　　　　　└ことに気づかせ、
改めて差別やいじめをしてはいけない、しないようにしようという意識を高める。

2 教材に興味をもたせよう（問題意識を高めよう）

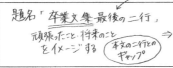

題名「卒業文集 最後の二行」
頑張ったこと・将来のこと
をイメージする　　本文の二行のギャップ　⇒
「卒業文集最後の二行」と提示し、「みんなら
最後の二行にどんなことを書きますか？」と問う。
意見を出させた後、「こんな二行を書いた人が
います」と紹介。その後資料を範読する。

3 思考を刺激する発問をつくろう

① なぜ大人になっても悔いが残り続けるのか。
② いじめをしても、悔いが残っていない人もいるのか。いたらその人のことをどう思うか。
③ 長い間悔いが残っていれば、差別やいじめは許されるのか。
④ この後悔が消える日がくるのだろうか。
⑤ いじめていた側に心の傷が残るのはなぜか。

4 身近な問題として意識づけよう

・自分にも同じような経験がないかふり返らせる。
　「心の傷が残るようなことをしていませんか？」
　（小学校の頃を思い出させて）「あなたには心の傷は残っていませんか？」

5 そのほかのアイデアを書こう（関連する資料、意識を持続させる方法など）

・授業で学んだことを書かせ、学級通信で取りあげる。
・加害者側の意見が書かれている記事や本があれば後日紹介する。

して，きれいなお洋服です。

この文を音読させたあと，発問する。

発問2 これを読んで何か気づいたことや考えたことがありますか。

次のような考えが出されるだろう。
- 友達がいなくて，独りぼっちの人だったのでは。
- 家が貧しくて服を買ってもらえず，からかわれていたのだろうか。

授業のポイント ■ 普通の考え方とのギャップを感じさせて問題意識を高める

　卒業文集最後の二行といえば，これまでのがんばりやこれからの希望など，前向きな考えを書くのが普通である。それらを出させたあとに，教材に書かれている最後の二行に出合わせることによって，問題意識を高めることができる。

②差別やいじめの影響

　教材を範読したあと，筆者が40年以上も深い深い後悔をしている状況を板書し，発問する。

発問3 なぜこんなに大人になっても悔いが残り続けるのでしょうか。

　自分の考えを書かせたあと，隣同士で話し合わせる。
　相手の考えから学んだことも生かして再度自分の考えを見直させて，発表させる。
　次のような考えが出されるだろう。
- 自分がひきょうなことをしたのに，相手のせいにしていたから。

●かわいそうな境遇の女の子にひどい差別やいじめをし続けたから。

●「卒業文集最後の二行」が心に突き刺さったから。

考えが出尽くしたところで発問する。

> **発問4** こんなに長い間悔いが残っていれば，差別やいじめをしたこ
> とは許されると思いますか。

許されると思うか思わないかを選択させて，理由を書かせる。

誰がどの考えを選択しているかを全体で確認する。

できるだけ考えの違う3人と交流させたあと，もう一度自分の考えを見直させる。

交流のときに生徒の考えを把握しておき，多様な考えを出させる。

次のような考えが出されるだろう。

●いじめられた方には，もっと大きな心の傷が残っているはずだから，長い間悔いが残っていたとしても，許されることではない。

●これだけ長い間悔いが残っていたのだから，そろそろ許されてもいいのではないか。

出された考えに意見があれば，議論させる。

> **授業のポイント■ 心に大きな傷を残すいじめがいかに許されない行為であるかを強く印象づける**
>
> いじめは，心に大きな傷を残すことを改めて認識させ，どれだけ長い間後悔したとしても許されないということを生徒の言葉で語らせる。このような思考を促すことによって，いじめに対する意識を深めていきたい。

③自分の心の痛みは

主人公以外にも女の子を差別したり，いじめたりした男の子がいたことを確認し，「差別やいじめをした全員が，筆者のように悔いが残っていると

思うか」と問いかける。

　忘れている人もいるだろうという反応を引き出して発問する。

発問５　差別やいじめをしても，何の悔いも残っていない人をどう思いますか。

　何名かを指名して発表させる。次のような考えが出されるだろう。

　　●誰かの心に傷を残しているのに何の悔いも残っていないとしたらひどい。

　　●何の悔いも残っていないのだから，また別の人を差別したりいじめたりする。

　考えが出尽くしたところで，目をつぶらせる。

　「今日読んだ話をもとに，自分の今までのことを思い出してみましょう」と言ってしばらく間をおき，発問する。

発問６　あなたには，心の傷は残っていませんか。

　本時の学びを書かせて授業を終える。

板書例

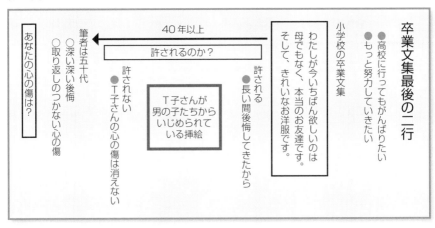

六千人の命のビザ 2年・3年

掲載教科書 2年：東書・教出・学図 (希望のビザ)
3年：日文 (命のトランジットビザ)・学研 (杉原千畝の選択)

【教材の概要】

　リトアニアの日本領事館で働いていた杉原千畝は，ポーランドから逃れてきたユダヤ人を救うために，ビザの発給をすることを決断する。自分の命も危険にさらされながら，外務省に背いて最後の最後まで許可証を書き続け，六千人もの命を救った。

【道徳授業づくり　４つのステップ】

1 その教材ならではの「ねらい」を設定する

　　この教材から学ばせたいことは，杉原千畝が自分の危険も顧みず，見知らぬ外国の人たちを助けようとした思いである。杉原千畝の思いを受け止め，自分にもできそうな国際貢献に対する意識を高めたい。

2 教材に興味をもたせる（問題意識を高める）

　　時代背景などを理解するのが難しい教材なので，重要な用語（ビザなど）についてわかりやすく説明したり，杉原千畝について知りたいことを質問させたりすることによって理解を図り，教材への興味や問題意識を高める。

3 思考を刺激する発問を工夫する

　　この教材では，杉原千畝の行動のすごさを感じさせるとともに，なぜそのような行動ができたのかを考えさせることが大切である。この２つの視点をもとに，思考を刺激する発問を工夫する。

4 身近な問題として意識づける

　　身近なところから国際貢献できる可能性があることに気づかせるため，自分にできる国際貢献を考えさせる。いろいろな考えを聞くことにより，自分にも何かできそうだという意識を高めたい。

第5章

定番教材をおもしろくする！

【本時のねらい】

（内容項目：国際理解，国際貢献）

　自分の命の危険も顧みず，数多くの外国人の命を救った杉原千畝の生き方から，命に国境はないことに気づき，自分にできる国際貢献をしたいという意識を高める。

【授業プラン】

①杉原千畝について知る

　ビザの写真を提示して，「外国人の入国申請に対して，受け入れ国がわが，旅券を調べたうえで発行する入国許可証。査証」（三省堂『現代新国語辞典』）であることを簡単に説明する。

　「これから読む話の題名は……」と言って，

写真提供：八百津町

六千人の命のビザ

と板書し，発問する。

> **発問1**　どういうことでしょうか。

　ここでは，六丁人とはどういうことか，なぜ「命のビザ」なのかわからない，などという疑問を出させればよい。

写真提供：NPO法人 杉原千畝 命のビザ

　どういうことかよくわからないことを確認したところで，「ビザを発給したのが，この人です」と言って，杉原千畝の写真を提示する。

> **発問2**　杉原千畝について質問したいことはありませんか。

授業づくりアイデアシート

名前 _____

1 その教材ならではの「ねらい」を設定しよう

杉原千畝の思いの強さ・行動のすごさに気づかせたい。
↓ を学んだうえで、自分にできることは何かを考えさせたい。
自分の命の危険も顧みず、数多くの命を救った杉原千畝の生き方を学び、自分に
できる国際貢献をしたいという気持ちを高める。

2 教材に興味をもたせよう（問題意識を高めよう）

ビザの写真と杉原千畝の写真を提示し、「ハテナと思ったことは？」と
問う。出てきた質問に答えながら、教材についての知識を全体で共有
し、題名「六千人の命のビザ」を提示。「どういうことでしょう？」と投げかけ、
資料への興味をもたせる。

3 思考を刺激する発問をつくろう

① 杉原千畝の考え方や行動で すごいと思うところはどこか。（その理由も）
② 自分の命も危険な状況で、なぜこんなことができたのか。
③ 杉原千畝から どんなことを学んだか。
④ 杉原千畝の原動力となる思いや考え方は何だろう。
⑤ 見知らぬ外国人のために、なぜビザを発給し続けることができたのか。

4 身近な問題として意識づけよう

身近にある"国際貢献のためにできること"を考えさせるために、
「自分にもできる国際貢献、どんなことができそう？」
→全体で共有した後、「自分にはこれができそうだ！」というものを選ばせる。

5 そのほかのアイデアを書こう（関連する資料、意識を持続させる方法など）

・杉原千畝の本を教室に置く。・UNIQLO リサイクルのポスターを紹介する。
・テレビドラマにもなっていることを伝え、その映像や画像を紹介する。
・探検しよう！みんなの地球HP→国際協力（わたしたちにできること）
　を紹介する。（例：書き損じハガキの交換）

次のような質問が出されるだろう。

- いつの時代のできごとなのか。
- どこの国のできごとか。
- どうして六千人ものビザを出すことになったのか。

出された質問に答えることによって，教材を範読する前の理解を図る。

②杉原千畝のすごさを発見する

杉原千畝についてある程度の理解ができたところで，教材を範読する。

範読する前に，次の指示をする。

「杉原千畝の考えや行動などについて，すごいなあと思ったところに線を引いていきましょう」

授業のポイント ▓ 教材を読む視点を明確に示す

　教材を読む視点を明確に示すことによって，思考しながら読まなければならない状況をつくる。また，線を引く作業をさせることによって，発問3に対する考えを出しやすくする。

発問3　杉原千畝の考えや行動などの中で，とくにすごいと思ったところはどこですか。

「3つ以上発見しましょう」と言って，発見をノートに書かせる。

全員が何らかの発見を書き終えたところで，グループで話し合う手順を次のように提示する。

---

①4人グループでそれぞれの発見を1つずつ順番に発表し，ホワイトボードに簡潔にメモしていく。

②出された中からグループのベスト3を選んでホワイトボードにまとめ，選んだ理由を話し合う。　※発表者はランダムに指名する。

---

③グループごとにベスト３と選んだ理由を発表させる。

授業のポイント■グループ学習で学びを深める

　グループ学習に入る前に大切なことは，一人ひとりに自分の考えをもたせておくことである。そのうえでグループをつくらせ，一人ひとりが同じように発表できるようにする。

　出された意見ベスト３を選ばせる段階で，いろいろな意見が交わされることになる。

　話し合った内容を一人ひとりがしっかり説明できるようにするために，発表者をランダムに指名することを伝えておく。

次のような考えが出されるだろう。
- 外務省に「発給するな」と言われても諦めなかったところ。
- とどまることが危険なのにビザを発給することを決めたところ。
- 朝早くから昼食もとらずにビザを書き続けたところ。
- 汽車が走り出すぎりぎりまでビザを書き続けたところ。

グループの発表のあと，発問する。

発問４　自分の命も危険な状況で，なぜ見ず知らずの外国人のためにこんなことができるのでしょうか。

隣同士で話し合わせたあと，考えを書かせて発表させる。次のような考えが出されるだろう。
- 外国の人の命も同じように大切だと考えているから。
- 目の前の人たちの命を見捨てることができなかったから。
- 見捨ててしまったらあとで悔いが残るから。
- 自分がしないと誰もできないことだから。

③自分にできる国際貢献は

杉原千畝の思いを十分に引き出したあと，発問する。

発問5　自分にもできる国際貢献はあるのでしょうか。

あると思えば○，ないと思えば×を書かせる。

あると思った生徒に，どんな国際貢献がありそうか発表させる。

次のような考えが出されるだろう。

- ●ユニセフなどに募金する。
- ●日本に来ている外国の人に親切にする。
- ●世界の状況に関心をもつ。
- ●世界で問題になっていること（環境問題など）に対してできそうなことをやる。

　本時の学び（学んだこと，心に残ったこと，これから生かしていきたいことなど）を書かせて授業を終える。

板書例

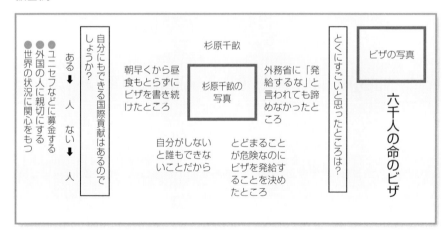

二通の手紙 （2年・3年）

掲載教科書　2年：学図・日科
　　　　　　3年：東書・教出・光村・日文・学研・廣あかつき（元さんと二通の手紙）

【教材の概要】

　動物園の入園係の元さんは，入園終了時間が過ぎているにもかかわらず，幼い姉弟の思いを受けとめて，入園させてしまう。ところが，閉門時刻になったのに姉弟が出てこないため，動物園では園内職員をあげて捜索することになった。そのような出来事が起こったあと，保護者から感謝の手紙が届くが，上司からは懲戒処分の通告が届いた。元さんは，はればれとした顔で職場を去っていく。

【道徳授業づくり　4つのステップ】

①その教材ならではの「ねらい」を設定する

　この教材では，ベテランの元さんが，規則違反と知りつつ，幼い姉弟をつい動物園に入れてしまったことから思わぬ事態を招いてしまう。人間誰しも「これくらい大丈夫だろう」という軽い気持ちで規則違反をしてしまうことがあり，その油断が思わぬ事態に発展してしまうことがあることを強く認識させたい。

②教材に興味をもたせる（問題意識を高める）

　幼い姉弟の挿絵の表情や「二通の手紙」という題名，「駄目だと言ったら駄目だ」「この年になって考えさせられることばかりです」などの言葉をうまく活用することで教材への興味や問題意識を高めたい。

③思考を刺激する発問を工夫する

　数十年も仕事をしてきたベテランの元さんでも，「これくらい大丈夫だろう」という油断が出てきてしまうという人間の陥りがちな心のあり方を考えさせたい。そして元さんのエピソードを聞いた職員が今後仕事をしていくうえで生かしたい教訓を考えさせることによって，「ね

定番教材をおもしろくする！

らい」に迫りたい。

④**身近な問題として意識づける**

　生徒も「これくらい大丈夫だろう」と軽く考えて規則を破った経験
は少なからずあるだろう。そんな気持ちが誰にでもあることを押さえ
たうえで，どうしたら乗り越えられるかを考えさせて，日常の言動の
変容に結びつけたい。

【本時のねらい】

(内容項目：遵法精神，公徳心)

　「これくらいいいだろう」という油断が大変な結果を招くかもしれない
ことに気づかせ，規則を守ることの重要性を強く認識させる。

【授業プラン】

①**問題意識を高める**

　授業開始と同時に，右の挿絵を提示
して発問する。

> **発問１**　気づいたこと，考えたこと，
> はてなと思ったことは何ですか。

イラスト：ひろのみずえ

次のような考えが出されるだろう。

　　●姉弟かな。

　　●お姉さんは頼み事があるような表情をしている。

　　●何か困ったことがあるのかも。

これらの考えを受けて，次のように言う。

「実は，この２人をめぐって，ある事件が起こります」

　生徒が，何だろうという興味をもったところで，題名を提示し，

「どんな話なのでしょうか」

と問いかけ，教材に対する興味をもたせたあと，教材を範読する。

授業づくりアイデアシート

名前＿＿＿＿＿＿＿＿＿＿

1 その教材ならではの「ねらい」を設定しよう

一見 良いことをしている 元さんであるが、もし 2人が事故にあっていたら大変なことになっていた。→ 少しの油断で 大規則違反をすることで 大変な結果を招くかもしれないことに気づかせ、規則を守ることの重要性を強く認識させる。

2 教材に興味をもたせよう（問題意識を高めよう）

姉弟の挿絵を提示し、「気づいたこと・考えたことは？」と問う。2人の表情に注目した 意見を取りあげ、「実は2人にある事件が起こります」と言って題名を提示。「どんな話だと思う？」と話の展開を予想させる。

3 思考を刺激する発問をつくろう

① 元さんたちは、規則を守るべきか 姉弟の思いを大切にすべきか、迷いはあったのだろうか。
② 元さんが、なぜこんな結果になってしまったのか。
③ もし大変な結果になっていたら、親からどんな手紙が届いただろうか。
④ あなたなら、元さんに どんな言葉をかけるか。
⑤ 山田さんが 心に刻み込みたい教訓は何だろう。

4 身近な問題として意識づけよう

「これくらい大丈夫」と軽く考えてしまうことはある？ 4・3・2・1で
規則をやぶることに対して　　　　　　自己評価させる。
「ない」に近づけるためにはどうしたらいいか考えさせる。

5 そのほかのアイデアを書こう（関連する資料、意識を持続させる方法など）

「ない」に近づけるための 方法を クラスで 共有できるよう、掲示物を作成。「これくらい大丈夫」と思って規則違反が起こりそうな事例を考えさせ、ポスターや標語を つくらせ、教室・学校内に掲示する。

　挿絵には，その話の重要な場面が描かれているので，うまく活用することによって，教材への興味や問題意識を高めることができる。ここでは，姉弟の表情に着目させたあと，「ある事件が起こります」という言葉を付け加え，さらに興味を高める工夫をしている。

②元さんと佐々木さんの思い

　範読後，次の発問をする。

発問2　元さんと佐々木さんは，規則を守るべきか，姉弟の思いを大切にすべきか迷ったのでしょうか？

　迷ったと思えば○，迷っていないと思えば×を選ばせ，理由を書かせる。ほとんどの生徒は，以下のような理由で迷っていないを選ぶだろう。
　　●「元さんのその時の判断に俺も異存はなかった」と言っているから。
　迷わなかったということを確認して次の発問をする。

発問3　数十年も仕事をしてきた元さんが，なぜこんな結果を招いたのでしょうか？

　自分の考えを書かせたあと，隣同士で考えを交流させる。
　友達の考えを聞いて付け加えたい考えがあれば書かせ，発言させる。次のような考えが出されるだろう。
　　●姉弟の気持ちに応えたかったから。
　　●2人を入園させても大丈夫だと思ったから。
　　●これまでも大変なことになったことがなかったから。
　姉弟の親からの手紙を再度確認したあと，次の発問をする。

発問4　大変な結果になっていたとしたら，どんな手紙が届いたでしょうか？

手紙の内容をワークシートに書かせて発表させる。

次のような考えが出されるだろう。

- どうして子どもだけで入れたのですか。どのように責任をとってくれるのですか。
- 子どもを思う親の気持ちがわかっていれば，子どもだけで入園させたりしませんよね。無責任すぎます。

③学ぶべき教訓とは

発問5　入園時間を過ぎているのに，若い女の子たちを入園させようとした山田さんが，これからいい仕事をしていくために心に刻みたい教訓は何でしょうか？

　自分の考えを書かせたあと，グループで考えを交流させる。グループで最もよいと思える教訓を1つ選ばせてホワイトボードに書かせて発表させる。

次のような教訓が出されるだろう。

- これくらい大丈夫と思ったときに大変なことが起きる。
- 油断大敵。
- きまりはお客さんを守るためにある。

ホワイトボードは黒板に掲示し，それぞれの教訓を音読させる。

授業のポイント■学ばせたい内容を簡潔にまとめさせて共有させる

　教材で描かれている人物の言動や出来事から学ばせたい内容を「教訓」という形でまとめさせることによって，さまざまな視点から学びを得ることができる。

④自分を振り返る

発問6　規則を知っていても，「これくらい大丈夫」と軽く考えてしま
　　　　う気持ちはありませんか？

自分の気持ちを４段階で考えさせる。

```
あるかも　4　3　2　1　ない
```

人数分布を確認したあと，次の発問をする。

発問7　「ない」に近づけるためには，どうしたらよいでしょうか。

自分にできそうなことを考えさせて，隣同士で交流させる。
　相手の考えを聞いて「なるほどなあ」と思ったことを何人かに発表させて，
今日の学びを書かせ，授業を終える。

板書例

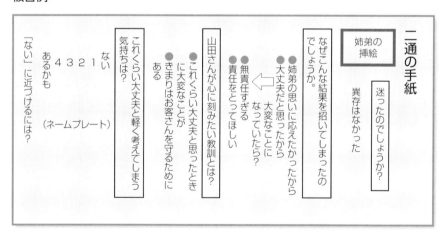

二通の手紙

| 姉弟の挿絵 |

迷ったのでしょうか？
異存はなかった

なぜこんな結果を招いてしまったの
でしょうか。
●姉弟の思いに応えたかったから
●大丈夫だと思ったから
　大変なことに
　なっていたら？
●無責任すぎる
●責任をとってほしい

山田さんが心に刻みたい教訓とは？
●これくらい大丈夫と思ったことが
　に大変なことが
●きまりはお客さんを守るために
　ある

これくらい大丈夫と軽く考えてしまう
気持ちは？
　あるかも
　4　3　2　1
　ない
　　　　（ネームプレート）
「ない」に近づけるには？

第6章

[4つのステップでつくる授業プラン]
現代的な課題で議論する！

*教科書はすべて平成 30 年検定版

1 傍観者でいいのか 1年

掲載教科書 『新しい道徳1』（東京書籍）

【教材の概要】

「私」は，2年生になって学級委員になる。しかし，学校に行きたくなく
なる。それは，気が弱くちょっとたよりないAさんが，Bさんにからかわれ
たり，命令されたりするようになったからだ。Bさんと一緒になってAさん
をからかって笑う人まで出てきているのに，ほとんどの人は，何も言わず，
何もしない。1学期の終わりごろになると，Aさんは身体の不調をうったえ，
早退したり欠席したりすることが多くなる。Aさんがぼろぼろとなみだを流
して「いじめられるのはつらい。もう学校へは行かない」と言うのを聞いた
Cさんは，「私」に「Aさんをこれ以上放っておけない」と話す。

【道徳授業づくり 4つのステップ】

１その教材ならではの「ねらい」を設定する

Aさんに対するいじめがエスカレートしていった原因の1つが，「は
やし立てる人（観衆）」や「見て見ぬふりをする人（傍観者）」にある
ことに気づかせ，自分たちの学級にそのような状況がないかどうかを
考えさせることがポイントになる。

２教材に興味をもたせる（問題意識を高める）

「傍観者でいいのか」という題名を活用して，「いいか」「よくないか」
を選択させ，教材への興味や問題意識を高めたい。

３思考を刺激する発問を工夫する

教科書に書いてある「いじめが続いたり，広がっていったりするのは，
『いじめる人』だけでなく，いじめを『はやし立てる人（観衆）』や，『見
て見ぬふりをする人（傍観者）』がいるからです」という説明を検討さ
せることによって，観衆や傍観者の責任についての意識を高めるよう

にしていく。

④身近な問題として意識づける

　「自分の学級にＡさんのような状況になってしまう人がいてもいいか」
という問いを投げかけることによって，そんな学級にしたくないという
意志を確認する。そのあと，「自分たちの学級にはＡさんのようになって
しまうような芽はないか」について４段階で考えさせて，いじめがエス
カレートする前に何とかしたいという意識を高めたい。

【本時のねらい】

（内容項目：公平，公正，社会正義）

　「はやし立てる人（観衆）」や「見て見ぬふりをする人（傍観者）」がい
じめを助長することに気づかせ，いじめで苦しむ人がいない学級にした
いという意識を高める。

【授業プラン】

①傍観者でいいのか

　授業開始と同時に，「傍観者」と板書して，傍観者とはどういう意味かを
問いかける。知っている生徒がいれば説明させたあと，次のような辞書の
意味を提示する。

　　●手を出さずに，ただそばで見ていること。

　　●その物事に関係のない立場で見ていること。

　意味が理解できたところで，次のように板書する。

> 傍観者でいいのか

発問１　傍観者でいいと思いますか。

いいと思えば○，よくないと思えば×を書かせ，理由を発表させる。

次のような理由が出されるだろう。

　　○…傍観者でいい場合もあるのではないか。

　　×…困っている人がいるのに傍観者ではいけないから。

　いろいろな考えが出されたところで，「『傍観者でいいのか』というのはこれから読む話の題名です」と言って挿絵を提示し，登場人物の確認をしたあと，教材文を範読する。

イラスト：秋葉あきこ

授業のポイント■題名を活用して問題意識を高める

　この教材の題名は，問いかける形になっている。この問いにどう答えるかを考えさせることによって，「傍観者でいいのか」という問題意識をもって教材を読ませる。

---

②いじめがひどくなる原因は

教材を範読したあと発問する。

発問2　Aさんに対するいじめがひどくなっていった原因は何でしょうか。

考えられる原因をできるだけたくさん発見するように指示して書かせる。次のような原因が出されるだろう。

　　ア　Aさんが何も言い返さず，Bさんの言うことを聞いているから。

　　イ　Aさんが何も言い返さないので，Bさんたちが調子にのってからかったり，命令したりするようになったから。

　　ウ　Bさんたちと一緒になってからかったり，笑ったりする人がいる

から。
　エ　ほとんどの人が，何も言わず，何もしないから。
　オ　「私」が学級委員なのに何もしないから。
「教科書には，次のような説明があります」と言って，次の言葉を提示する。

　いじめが続いたり，広がっていったりするのは，「いじめる人」だけでなく，いじめを「はやし立てる人（観衆）」や，「見て見ぬふりをする人（傍観者）」がいるからです。（『新しい道徳 1』東京書籍，29 ページ）

音読させたあと，発問する。

発問 3　この説明に賛成ですか。

　賛成であれば○，反対であれば×を選ばせて理由を書かせる。どちらを選んだかわかるようにネームプレートを黒板に貼らせたあと，意見交換の方法を提示する。

①3 人の友達と意見を交流する。
②できるだけ自分の考えと違う友達と意見交換する。
③意見交換が終わったら席に戻り，もう一度自分の考えを見直す。

授業のポイント■教科書の説明を検討させて思考を促す
　教科書には，ここで挙げたような説明的な文章が掲載されている場合がある。それが正しいという前提ではなく，どう受け止めるかを生徒に投げかけることによって，より深い思考を促すことができる。

次のような考えが出されるだろう。

【○派】

- 観衆や傍観者が，いじめをやめさせるように行動すれば，いじめが続いたり広がったりしないから。
- とくによくないのは，「はやし立てる人（観衆）」だ。こんな人がいるから，いじめる人がさらに調子にのってしまう。

【×派】

- いじめる人がいなければ，観衆も傍観者もいないのだから，いじめる人が一番よくない。
- 観衆も傍観者も自分がいじめられたくなくて，そんな態度をとっているだけだから，その人たちの責任にしてはかわいそうな気がする。

相手の考えに反論があれば議論させる。

③**いじめがひどくならないようにするには**

議論が一段落したあと，

「自分の学級にAさんのような状況になってしまう人がいてもいいですか」と問う。ほとんどの生徒は，よくないと言うだろう。

そこで次の発問をする。

発問4　自分たちの学級には，Aさんのようになってしまうような芽はないですか？

次の4段階で考えさせる。

あるかもしれない　4　3　2　1　ない

選んだところに挙手させて人数を確認し，そのように考えた理由があれば発表させる。

発問5 「ない」に近づけるにはどうしたらいいでしょうか。

　自分の考えをもたせたあと，グループで話し合わせ，学級全体に提案したいことをホワイトボードにまとめさせる。次のような提案が出されるだろう。

●からかいなどが軽いうちに，している人たちにやめるように働きかける。
●気になることがあったら，誰か（友達や先生）に相談するようにする。相談された方は，どうしたらいいか一緒に考える。
●ちょっと気になることがあったら，クラス会議などで話し合って解決できるようにしていく。

　本時の学び（学んだこと，心に残ったこと，これから生かしていきたいことなど）を書かせて授業を終える。

板書例

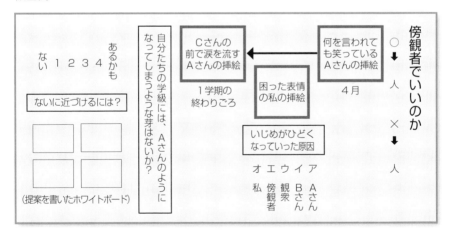

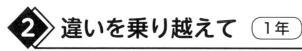

2 違いを乗り越えて 1年

掲載教科書 『中学道徳 あすを生きる１』（日本文教出版）

【教材の概要】

　インドネシアからホームステイでやってきたＡさんと出会った私は，文化や習慣の大きな違いに戸惑う。しかし，国際交流を広める活動をしている母が一生懸命辞書をひいて英語でＡさんと話したり，片言の英語と知っているだけの日本語を交えながら話すＡさんの姿を見たりした私は，言語よりも大切なのは気持ちだと気づく。

　それから私は，インドネシアの文化を理解しようとＡさんに熱心に尋ねるようになり，Ａさんも日本文化のことを熱心に聞いてくるようになる。このような交流をとおして，お互いの文化を理解し，違いを認め合っていくことが大切であるという考えをもつようになっていく。

【道徳授業づくり　４つのステップ】

1 その教材ならではの「ねらい」を設定する

　　ホームステイでやってきたインドネシアの女の子の態度に違和感を感じていた私が，お互いの国の文化を理解するためには，相手の国の文化に興味をもったり，背景を知ったりすることが大切であることに気づいていく。このような相手の国の文化を理解するための大切な視点をとらえさせることがねらいとなる。

2 教材に興味をもたせる（問題意識を高める）

　　インドネシアから来た女の子が，戸惑いながら刺身を食べたり，そばを食べる音に顔をしかめたりする挿絵を活用して興味を高めたあと，「違いを乗り越えて」という題名を提示することによって問題意識を高めたい。

3 思考を刺激する発問を工夫する

「違いを乗り越えて」という題名は，違いを乗り越えていくことが大切であることを伝えようとしていることが明らかである。そこであえて「違いを乗り越える必要があるのか」という問いかけをすることによって思考を刺激する。このように教材が提示しているテーマを問いかけ，検討させることによって深い思考を促すことができる。

④身近な問題として意識づける

教材から学んだ内容を生かす場面が日常的にあるという意識をもたせることが身近な問題として意識づけることにつながる。しかし，多文化を理解する場面はあまり多いとは言えない。そこで，外国の中学生がホームステイに来たという場面を想定して考えさせることによって，身近な問題として意識づけるようにしたい。

【本時のねらい】

（内容項目：国際理解）

お互いの文化の違いを乗り越えていくためには，相手の国の文化に興味をもったり，背景を知ったりすることが大切であることに気づき，お互いの文化の違いを認め合っていこうとする意識を高める。

【授業プラン】

①違いを乗り越えるとは

授業開始と同時に，右の挿絵1を提示して，「気づいたこと，考えたこと，はてなと思ったこと」を発表させる。次のような考えが出されるだろう。

- 頭に何か巻いているけれど，どこの国の人だろう。
- つらそうな表情をしているから，嫌いな食べ物を無理に食べているのかな。

挿絵1　イラスト：イシヤマアズサ

挿絵1についての考えが出されたところで，インドネシアから「私」の

家にホームステイでやってきたＡさんであ
ることを知らせ，地図（教科書に掲載）で
確認する。

　さらに右の挿絵2を提示して，前ページ
の挿絵1と同じように考えさせる。次のよ
うな考えが出されるだろう。

挿絵2　　　イラスト：イシヤマアズサ

　　●怒ったような顔をしている。
　　●私をにらんでいるから，何か気にく
　　　わないことがあるのかな。
　2枚の挿絵からさまざまな考えを引き出したところで，「これから読む話
は，こんな題名です」と言って，板書する。

違いを乗り越えて

　題名を音読させたあと，「何の違いなのでしょう」と問いかけて，教材に
対する問題意識を高める。

②違いを乗り越える意味は
　教材を範読したあと発問する。

発問1　何の違いでしたか。

次のような考えが出されるだろう。
　　●食べ物，行儀，しぐさ，生活
　これらの考えを受けて，食べ物や行儀，しぐさ，生活といった，その国
ならではの行動や生活の仕方などを「文化」ということを伝える。

発問2　文化の違いを乗り越える必要があるのでしょうか。

必要があると思えば○，必要ないと思えば×を選ばせ，理由を書かせる。

　ほとんどの生徒は必要だと考えるだろう。挙手で人数を確認したあと，少数派から理由を発表させる。

　次のような考えが出されるだろう。

【×派】

　　●それぞれの国が自分の国の文化を大切にしていけばいいから。

　　●その国の文化に合わせていけばいいだけのことだから。

【○派】

　　●Ａさんもお互いの文化を知ることによって笑顔になっているから。

　　●相手の文化を知って大切にすることが，国同士が仲良くなることに
　　　つながるから。

　　●いろいろな国に行ったときにその国の文化を理解していた方が迷惑
　　　をかけないから。

　　●文化の違いで戦争などになることもあるから。

　相手に意見がある場合には議論させる。

　お互いの考えを出させたあと，自分の書いた考えに付け加えさせる。

授業のポイント■テーマを検討させて思考を深める

　違いを乗り越えることを前提として考えさせるのではなく，違いを乗り越える必要があるのかを検討させることによって，その意味を深く思考させたい。

---

③違いを乗り越えるために大切なことは

　「私は違いを乗り越えたと思いますか」と問いかけると，「乗り越えた」「乗り越えようとしている」などという考えが出されるだろう。そこで発問する。

発問3　違いを乗り越えるために，大切なことを発見しましょう。

3つ以上発見するように指示して，箇条書きで書かせる。

　だいたい書けたところで，4人グループで発見したことを1つずつ順番に出させていく。

　自分が発見していなかったことがあれば，書き加えさせていく。

　話し合いが終わったところで，グループから1つずつ発表させていく。

　次のような発見が出されるだろう。

- ●言語よりも気持ちを大切にする。
- ●相手の文化を理解しようと熱心に尋ねる。
- ●しぐさなどの違いを教える。
- ●相手の文化に興味をもって学ぶ。
- ●文化の背景を知る。
- ●違いを認め合っていく。

　出された発見について，深く考えさせるために次のような切り返しを行う。

　「なぜ『熱心に』なのでしょうか」

　「文化の『背景』を知るとはどういうことですか」

　「なぜ『違いを認め合っていく』と，悲しい事件を解決することができるのでしょうか」

④違いを乗り越えるための第一歩は

　外国の中学生の写真を何枚か提示して発問する。

発問4　あなたの家に，外国の中学生がホームステイに来たとしたら，違いを乗り越えるためにまずどんなこと（話したいことややりたいことなど）をしますか。

　ワークシートにこんなことをしたいというアイデアを3つ書かせ，その理由も考えさせる。

　何人か指名して発表させる。

本時の学び（学んだこと，心に残ったこと，これから生かしていきたいことなど）を書かせて授業を終える。

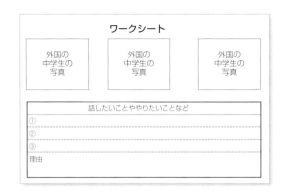

ワークシート

| 外国の中学生の写真 | 外国の中学生の写真 | 外国の中学生の写真 |

話したいことややりたいことなど
①
②
③
理由

授業のポイント■教材から学んだ内容を生かす

　具体的な場面を設定して生かす活動を仕組むことによって，教材から学んだ内容が深く印象づけられるようにする。

板書例

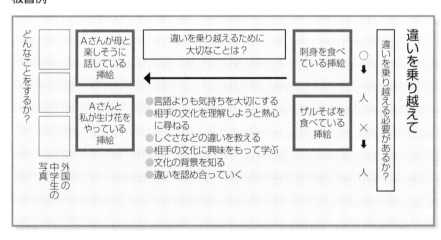

違いを乗り越えて

違いを乗り越える必要があるか？

○　↓　人

×　↓　人

刺身を食べている挿絵

ザルそばを食べている挿絵

違いを乗り越えるために大切なことは？

●言語よりも気持ちを大切にする
●相手の文化を理解しようと熱心に尋ねる
●しぐさなどの違いを教える
●相手の文化に興味をもって学ぶ
●文化の背景を知る
●違いを認め合っていく

Aさんが母と楽しそうに話している挿絵

Aさんと私が生け花をやっている挿絵

どんなことをするか？

外国の中学生の写真

国境なき医師団・貫戸朋子 かんとともこ 〔2年〕

掲載教科書　『とびだそう未来へ 中学道徳 2』（教育出版）

【教材の概要】

　日本人医師として初めて「国境なき医師団」の活動に参加した貫戸朋子さんは、ボスニア・ヘルツェゴビナで医療活動にあたる。あるとき、緊急の患者（お母さんに連れられた5歳の男の子）が診療所にやってくる。貫戸さんは、男の子の状態を診て、何をやっても助からないと判断する。酸素ボンベが1本しかない状況から、これから来る患者のために酸素をとっておきたいと考え、看護師の反対を押し切って酸素ボンベを切る。しかし、貫戸さんのなかでは、そのときの判断がよかったのかどうか、今も結論が出ていない。

【道徳授業づくり　4つのステップ】

　1その教材ならではの「ねらい」を設定する

　　　酸素ボンベが1本しかないという極限状況で判断を下さなければならなかった貫戸さんの悩みに共感しながらも、その判断をどう受け止めるのか、命を救うとはどういうことなのかを考えさせることがポイントになる。

　2教材に興味をもたせる（問題意識を高める）

　　　「国境なき医師団」という題名を活用して、「国境なき」とはどういうことなのかを問いかけ、問題意識を高めることができるが、このような事実を取り上げた教材では、関連する資料を活用して教材への興味や問題意識を高めることも可能である。関連する本や公式ウェブサイト等の情報も収集するとよい。

　3思考を刺激する発問を工夫する

　　　この教材では、目の前の男の子にどう対処すべきかという判断に迷い、そのあとも悩んだ貫戸さんの問いかけが描かれている。このような場合

には，筆者の問いかけを生かすことによって，生徒の思考を刺激することができる。

4 身近な問題として意識づける

　世界で起きている厳しい現実を，身近な問題として意識づけるのは難しい面があるが，生命尊重や国際貢献というテーマを，自分の目線から考えさせることによって，身近な問題として意識づけるようにしたい。

【本時のねらい】

（内容項目：生命の尊さ，
国際貢献）

　「国境なき医師団」で貫戸さんが遭遇した状況をもとに，命を救うための判断をすることの難しさに気づかせ，命の大切さについて自分の考えをもとうとする意識を高める。

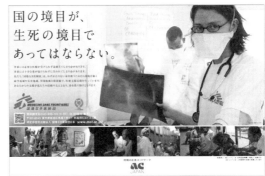

協力：公益社団法人 AC ジャパン

【授業プラン】

① 「国境なき医師団」とは

　上の「国境なき医師団」の広告の大きな写真部分を提示して，発問する。

発問1　気づいたこと，考えたこと，はてなと思ったことは何ですか。

授業のポイント■関連資料を活用して問題意識を高める

　事実を取り上げた教材では，関連資料を効果的に活用することによって，教材への興味をもたせたり，問題意識を高めたりすることができる。ここでは，「国境なき医師団」の緊迫した雰囲気を伝える写真を活用した。

次のような考えが出されるだろう。

- お医者さんかな。
- 手にレントゲン写真みたいなものを持っているから病気の診断をしているのでは。
- こちらをじっと見ているから何かを訴えかけようとしているのかも。

いろいろな考えが出されたところで，「国境なき医師団」として活動している人たちであることを知らせ，教科書教材から「国境なき医師団」は，紛争や貧困などにより生命の危機に直面している人々に対して，独立・中立・公平の立場で医療・支援活動を行っている団体であることを提示する。

音読させたあと次の指示をして，「国境なき医師団」への理解を深める。

「『国境なき医師団』とはわかりやすくいうと，どういうことをしている人たちか，隣同士で話し合いましょう。あとで誰かに説明してもらいます」

授業のポイント■難しい内容を自分たちで理解できるようにする

　教材によっては，日常的に見聞きすることが少ない内容が取り上げられていることもある。内容についての理解が不十分なままで授業を進めていくと，興味を失ったり，ついていけなくなったりする生徒が出てくる。そこで，教師が一方的に説明するのではなく，一人ひとりの思考を促しながら，生徒同士で理解できるような学習活動を仕組む。

発問2　日本人にも「国境なき医師団」に参加している人がいると思いますか。

いると予想する生徒が多いだろう。

そこで，貫戸朋子さんの写真を提示する。

「貫戸さんは，ボスニア・ヘルツェゴビナというところに派遣されました」と言って，地図を提示する。

「そこで，貫戸さんが今でもよかったかどうか悩んでいる出来事が起き

ました」
と言って興味をもたせ，教材を範読する。

②今でも迷っていることとは

　範読したあと，発問3を考える手がかりになるように，貫戸さんをめぐる人々の状況を板書で整理する。

　　●貫戸さん　●看護師　●男の子　●男の子の母親　●次の患者

> **発問3**　貫戸さんの判断でよかったと思いますか。

　自分の考えを次の4段階で選ばせ，理由を書かせる。

> よかった　4　3　2　1　よくなかった

　どの段階を選んだかがわかるように，ネームプレートを黒板に貼らせたあと，意見交換の方法を提示する。

> ①3人の友達と意見を交流する。
> ②できるだけ自分の考えと違う友達と意見交換する。
> ③意見交換が終わったら，席に戻りもう一度自分の考えを見直す。

　次のような考えが出されるだろう。
　　●次の患者のことを考えれば，やむを得ない判断だった。
　　●現場で診療している医師の判断に任せるのが一番いいのでは。
　　●目の前の男の子の命を救うことに全力を尽くすべきだった。
　さまざまな考えが出されたところで言う。
　「『国境なき医師団』では，こんな言葉で世界中に呼びかけています」

> 国の境目が，　　　　　の境目であってはならない。

空欄の言葉を考えさせる。何人かに発表させたあと,「生死」であることを伝える。

③命を考えるときに大切なこと

> **発問4** 命を考えるときに大切なことは何でしょうか。

自分なりの考えをもたせたあと,隣同士で話し合わせて,発表させる。次のような考えが出されるだろう。

● いろいろな人の状況を考えて判断することが大切だ。

● どんな国の人の命も大切だという意識をもつ。

● 救える命のために自分にできることを考える。

本時の学び(学んだこと,心に残ったこと,これから生かしていきたいことなど)を書かせて授業を終える。

板書例

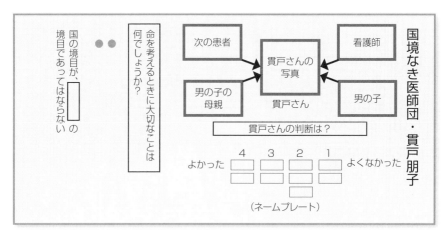

まだ食べられるのに 2年

掲載教科書 『とびだそう未来へ 中学道徳2』(教育出版)

【教材の概要】

　少しだけかじって捨てられたイチゴに対して農家の人がどのような思いをもっているかを考えさせたあと，年間621万トンもの食品ロスが出ている日本の現状に目を向けさせる。さらに，小中学校の給食や家庭からも多くの食品ロスが出ているデータを提示して，自分たちも食品ロスを生み出している当事者であることに気づかせ，持続可能な社会をつくるために，消費者としてどう行動すべきかについて問題提起している。

【道徳授業づくり　4つのステップ】

1その教材ならではの「ねらい」を設定する

　　私たちは，生活のさまざまな場面や状況のなかで，かなりの食品ロスを出している。その行為は，生産者の思いを踏みにじることにもつながっている。このような現状に対する問題意識を高め，よりよい消費者として持続可能な社会をめざしていきたいという意識を高めたい。

2教材に興味をもたせる（問題意識を高める）

　　この教材では，少しかじられて捨てられたイチゴや給食の食べ残しの実態，手つかずの食品の数々など，食品ロスの現状を実感できる写真やグラフなどが複数掲載されている。これらをうまく活用することによって，問題意識を高めたい。どの写真から提示するかを考えるだけでもいろいろなアイデアが浮かんでくる。

3思考を刺激する発問を工夫する

　　食品ロスの理由はさまざまである。そこで，理由を数多く出させたうえで，「やむを得ない理由があれば仕方ないか」について議論させたい。この議論をとおして多様な考えを引き出し，食品ロスについての認識を

深めたい。

4 **身近な問題として意識づける**

　食品ロスについての議論を深めたうえで，自分はどのような消費者なのかを振り返らせたい。そして，消費者として胸をはることができるようになるための方法を多様に考えさせることによって，持続可能な社会の実現に向けての実践意欲を高めていきたい。

【本時のねらい】

（内容項目：社会参画，公共の精神）

　まだ食べられる食品が大量に廃棄されている現状を知るとともに，自分もその原因をつくっていることに気づき，よりよい消費者として持続可能な社会を実現したいという意識を高める。

【授業プラン】

①**捨てられたイチゴ**

　授業開始と同時に，右の写真のイチゴの部分だけを提示する。生徒は「イチゴだ」「おいしそう」などという反応をするだろう。反応が落ち着いたところで，写真の全体像を提示する。

　これを見た生徒は，「どういうことだろう」という疑問をもったあと，捨てられたイチゴであることに気づくだろう。

写真提供：多々良フレッシュファーム

発問1　いったいどういうことでしょうか。

次のような考えが出されるだろう。

● イチゴがたくさん採れすぎて捨てたのではないか。

● とっておいたイチゴが腐って捨ててしまったのではないか。

●食べられなくなった理由があって捨てるしかなくなったのではないか。

> **授業のポイント■写真の提示の工夫で問題意識を高める**
>
> 　教材に掲載してある写真をどう提示するかを工夫することも，授業のポイントである。ここでは，最初にイチゴだけを提示したあと，全体像を提示した。こうすることによって，「おいしそうに見えたイチゴ」が実は「捨てられたイチゴ」であることに気づき，問題意識を高める効果をねらった。

考えが出尽くしたところで，
「実は，イチゴ狩りに来た人たちが，少しだけかじって捨てたイチゴなのです」
と言って発問する。

> **発問2　イチゴを少しだけかじって捨てた人をどう思いますか。**

次のような考えが出されるだろう。
　●もったいないことをしている。
　●農家の人に失礼なことをしている。
　●イチゴを食べる資格がない。
考えが出されたところで，教材名「まだ食べられるのに」を板書する。

②食品ロスは仕方ない？

教材に対する興味が高まったところで範読し，発問する。

> **発問3　「まだ食べられるのに」を読んで感じた問題点や疑問点は何ですか。**

自分の考えを書かせたあと，隣同士で交流させる。

交流をもとに自分の考えを見直させて発表させる。

次のような考えが出されるだろう。

- 食糧自給率が低いのに，このままでいいのだろうか。
- 給食で「食べ残し」がこんなに多いなんて驚いた。
- 賞味期限前の食品をどうして捨ててしまうのだろう。
- このままでは持続可能な社会をつくるのは難しいのではないか。

問題点や疑問点を受けて発問する。

発問4　食品ロスが多いと，持続可能な社会にできないのですか。

次のような考えが出されるだろう。

- 食べ物は無限にあるわけではないから。
- 世界には食べ物がなくて苦しんでいる人もいるから。
- 異常気象などで，作物がとれないと大変なことになるから。

これらの考えを受けて発問する。

発問5　あなたは，まだ食べられる食品を捨ててしまったことはありませんか。

自分の経験を次の4段階で振り返らせる。

けっこうある　　4　　3　　2　　1　　ほとんどない

どの段階を選んだか，挙手で確認する。

4と3を選んだ生徒に捨ててしまった理由を発表させる。

次のような考えが出されるだろう。

- おいしくなかったから。
- 買いすぎたから。

●作りすぎたから。

●賞味期限がきてしまったから。

これらの発言を受けて発問する。

発問6 やむを得ない理由があれば，仕方がないですか。

仕方がないと思えば○，おかしいと思えば×を選ばせ，理由を書かせる。
次のような理由が出されるだろう。

【○派】

●いくら工夫しても無駄が出ることがある。

●何らかの事情で食べられない場合もある。

【×派】

●やむを得ないで済ませているといつまでも変わらない。

●仕方がないとあきらめるのではなく，何とかしようと思うことが大
　切だ。

いくつかの理由を取り上げて議論する。

授業のポイント■二者択一の発問で議論を促す
　食品ロスは，自分たちも含めて多くの人がやっていることであり，
いろいろな事情もあることを押さえたうえで，仕方ないかどうかを問
いかけ，二者択一で考えさせることによって議論させ，食品ロスに対
する認識を深めさせる。

---

③自分はどんな消費者か？

議論を受けて発問する。

発問7 今の自分は，消費者として胸をはることができそうですか。

できそうと思えば○，自信がないと思えば×を書かせて，人数を確認する。
×の方が多いだろう。少数派から理由を発表させる。

次のような考えが出されるだろう。

　　○…少々嫌いな食品でも，無駄にしないように食べてきたから。

　　×…これまでも食品ロスをたくさん出してきたから。

考えを受けて発問する。

> **発問8**　消費者として胸をはることができるようになるためには，ど
> うしたらいいでしょうか。

　自分の考えを書かせたあと，グループで話し合わせ，お勧めのアイデア
を1つ決めさせる。次のようなアイデアが出されるだろう。

　　●冷蔵庫に入っている食品をチェックして，無駄な買い物をしないよ
　　うにする。

　　●買うときに，必要な食品かどうかよく考える。

　　●献立を工夫して，食品を無駄なく使い切るようにする。

　本時の学び（学んだこと，心に残ったこと，これから生かしていきたい
ことなど）を書かせて授業を終える。

板書例

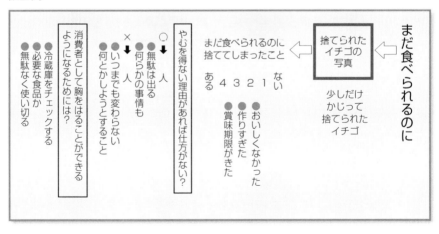

⑤ あるレジ打ちの女性 （3年）

掲載教科書 『中学道徳 あすを生きる 3』（日本文教出版）

【教材の概要】

　入社と退社を繰り返すなど，何をしても続かなかった女性が，スーパーのレジ打ちの仕事をするようになる。しかし，１週間で飽きてしまい，我慢の続かない自分自身を嫌いになってしまう。辞めるかどうか迷っていたが，小さな頃ピアニストをめざして練習をがんばっていたことを思い出し，もう少しがんばることにする。ピアノの経験を生かしてレジ打ちが上達した女性は，お客さんの行動パターンやクセに気づくようになっていく。ある日，毎日買い物に来ていたおばあちゃんが立派なタイをレジに持ってくる。そのおばあちゃんに思わず話しかけたことをきっかけに，お客さんとコミュニケーションを取ることが楽しくなる。こうしていつしかお客さんの顔と名前が一致するようになり，仕事が楽しくなっていく。そんなある日，自分のレジにしかお客さんが並んでいないという状況が起きる。「このお姉さんと話をするためにここへ来ているんだ」というお客さんの言葉を聞き，仕事の素晴らしさに気づく。

【道徳授業づくり　４つのステップ】】

① その教材ならではの「ねらい」を設定する

　　仕事が長続きしなかった女性が，仕事への取り組み方を変えたことによって，仕事に対する楽しみを見つけたり，お客さんに喜びをもたらすようになったりしていったという話をとおして，仕事の素晴らしさに気づくとはどういうことなのかについて迫りたい。

② 教材に興味をもたせる（問題意識を高める）

　　女性のレジにだけ長蛇の列ができている挿絵を提示して，なぜこうなったのかということについて興味をもたせたあと，レジの女性の人

物像（仕事が長続きしないなど）を提示して，なぜそのような女性の
レジに並ぶのだろうという問題意識を高めたい。

③思考を刺激する発問を工夫する

　　レジ打ちの女性は，お客さんのために仕事への取り組み方を変えたわ
けではない。自分自身の仕事を長続きさせたいという動機からレジ打ち
の技術を身につけたのである。それが結果的にお客さんに喜んでもらえ
るようになってくる。そこで「お客さんに気に入られるために，レジ打
ちの仕事に取り組んだのか」という問いかけによって思考を刺激し，女
性が仕事の素晴らしさに気づいていく過程に目を向けさせたい。

④身近な問題として意識づける

　　この女性だったら，新人研修で仕事の素晴らしさについてどんなこ
とを教えるかを考えさせることによって，教材からの学びを自分自身
が仕事に取り組んでいくときの指針となるようにとらえさせたい。

【本時のねらい】

（内容項目：勤労，向上心，個性の伸長）

　嫌だと思っていた仕事も，自分なりの工夫をして取り組むことによっ
て，仕事が楽しくなったり，相手にも喜びを与えたりすることができる
ことに気づき，自分も仕事の素晴らしさを味わえるような働き方をした
いという意識を高める。

【授業プラン】

①なぜこんなに
　　行列が

　右の挿絵を
提示して発問
する。

イラスト：龍神貴之

次のような考えが出されるだろう。

- ●スーパーのレジだ。
- ●3番だけ行列ができている。
- ●ほかのレジが故障したのかな。

考えが出尽くしたところで，「ある
レジ打ちの女性」と題名を板書し，「3
番レジの女性はこんな人です」と言っ
て，右の挿絵を提示する。

イラスト：龍神貴之

「どんな女性かわかりますか」と問いかけると，履歴書の入社・退社とい
う文字に注目して，「どうしてこんなに仕事を変えているのだろう」「仕事
が長続きしないのかな」「仕事でいやなことがあったのかも」などという疑
問が出されるだろう。そこで，教科書の冒頭の文章を読み，女性の説明を
する（以下に概略を示す）。

> その女性は何をしても続かない人で，大学の部活に入っても次々と所
> 属を変えていく。初めて就職した会社は上司と衝突して3カ月で辞める。
> 次の会社もその次の会社も辞めてしまい，履歴書には，入社と退社の経
> 歴がズラッと並ぶようになる。ある日派遣会社からスーパーでレジを打
> つ仕事の紹介がきて勤めることになるが，1週間でレジ打ちに飽きてし
> まう。このような我慢の続かない自分を自分自身で嫌いになっていく。

女性の人物像がわかったところで発問する。

発問 2　このような女性のレジなのに，どうしてこんなに長い行列がで
　　　　きているのでしょうか。

問題意識を明確にもたせるための発問なので，問いかけるだけにしておく。

　何か言いたい生徒がいたら，何名か発表させたあと，教材を範読する。

```
授業のポイント ■ 挿絵と人物像のギャップを活用して問題意識を高
める
　3番のレジにだけ行列ができてほかのレジには誰もいないというイ
ンパクトのある挿絵と3番レジの女性の人物像とのギャップを明示す
ることによって，生徒の問題意識を高める。
```

②長い行列ができるわけ

　範読したあと，発問する。

```
発問3　お客さんが，長蛇の列になってもこの女性のレジに並ぶ理由
　　　　がわかりましたか。
```

　わかったかわからないかを確認する。ほとんどの生徒はわかったと答えるだろう。そこで，隣同士でわかったことを話し合わせる。話し合ったことをもとに，もう一度自分の考えを整理させ，何名か指名して発表させる。

　次のような考えが出されるだろう。

　　●お客さんとコミュニケーションをとることが楽しくなり，それがお客さんにも伝わるようになったから。

　　●お客さんの顔と名前が一致するようになり，お得な商品やおすすめの商品を教えてあげられるようになったから。

　　●お客さんのことがよく見えるようになり，信頼されるようになったから。

　考えが出されたところで発問する。

> **発問4** この女性は，お客さんに気に入られるために，レジ打ちの仕事に取り組んだのでしょうか。

　気に入られるためだと思えば○，そうではないと思えば×を選ばせ理由を書かせる。ほとんどの生徒は×を選ぶだろう。出された理由をもとに，お客さんに気に入られるためにやったのではなく，自分がレジ打ちをがんばろうと思ってやった結果，たまたまそうなってきたことに気づかせていく。

③仕事の素晴らしさとは

> **発問5** あなたがこの女性だったら，新人研修で仕事の素晴らしさについてどんなことを教えますか。

　次の手順で考えさせていく。

---

① 自分の考えを書く。
② ４人グループで考えたことを交流する。
③ 出された考えのよいところを伝え合う。
④ グループでの交流をもとに，もう一度自分の考えを書く。

---

　④までの活動が終わったあと，さまざまなとらえ方が出るように，何人かの生徒を意図的に指名して発表させる。次のような考えが出されるだろう。

- やりたいと思っていなかった仕事でも，工夫して取り組んでいくうちにおもしろさがわかってくる。
- 自分の得意なことや経験などを生かしてがんばることが仕事の質を高めていく。
- 仕事の技術が高まると，今まで気づかなかったことに気づくようになってきて，仕事がおもしろくなる。

●自分が仕事を楽しむことがお客さんを喜ばせることにつながる。

> **授業のポイント ■ 登場人物の立場で考えさせることによって思考を深める**
>
> 　女性の立場に立たせて仕事の素晴らしさをどう伝えるかを考えさせることによって，教材から学んだ内容を自分なりに整理させるとともに，グループでの交流をとおしてより深い思考を促す。

　最後に本時の学び（学んだこと，心に残ったこと，これから生かしていきたいことなど）を書かせて授業を終える。

板書例

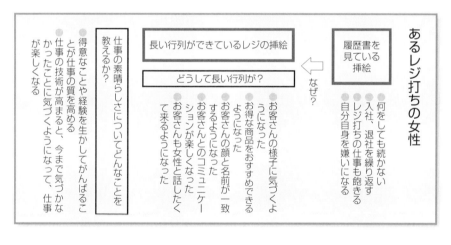

あなたは顔で差別しますか （3年）

掲載教科書 『とびだそう未来へ 中学道徳 3』（教育出版）

【教材の概要】

　2歳のころ「海綿状血管腫」を発症した藤井さんは，理不尽ないじめを受け，「自分は孤独だ」という焦燥感にかられる。幼稚園のころには，まわりに正しい知識がないために「うつる病気ではないか」と言われてしまう。このような生い立ちの影響で，外を歩いていて人とすれ違うとき，その人をにらみつけるようになってしまう。しかし，友達から「藤井さんは笑顔がキュートだから，いつもにこにこ笑っていたほうがいいよ」と言われる。これをきっかけに，目が合ったらにこっと笑うようになった。そして自分と未来は変えることができることに気づき，生き方が変わる。

【道徳授業づくり 4つのステップ】

１ その教材ならではの「ねらい」を設定する

　　病気で顔が腫れるという自分ではどうにもならない理由でいじめや差別を受けてきた藤井さんの前向きな生き方を学ばせ，自分の生き方を考えさせることがポイントとなる。

２ 教材に興味をもたせる（問題意識を高める）

　　この教材には「あなたは顔で差別しますか」という問いかけの題名がつけられている。まずこの問いかけを生徒に投げかけ，自分はどうかを考えさせたい。そのあと，藤井さんの写真を提示して「なぜこのような問いかけをしているのか」を考えさせ，教材への興味や問題意識を高めたい。

３ 思考を刺激する発問を工夫する

　　「人間ならではの可能性を信じたい」という藤井さんの言葉に着目させて，期待に応えることができるかどうかを問いかける。できると思え

ば○，難しいと思えば×を選ばせ，議論させたい。

4 **身近な問題として意識づける**

　　最後にもう一度「あなたは顔で差別しますか」と問いかける。そして，この問いかけを自分の生き方にどう生かしていくかを考えさせることによって，差別に対する意識を高め，これから遭遇するかもしれない差別的な場面で生かせるようにしたい。

【本時のねらい】

（内容項目：相互理解，寛容）

　顔の病気でいじめや差別を受けてきた藤井さんの生き方を学び，自分が差別的な場面に遭遇したときに，差別をしないようにしたいという意識を高める。

写真提供：藤井輝明

【授業プラン】

①問いかけにどう答える

　「あなたは顔で差別しますか」と題名を板書して発問する。

発問1　あなたはこの問いかけにどう答えますか。

　次の4段階を提示して番号を選ばせ，人数を確認する。

　理由が言えそうな生徒がいれば発表させてもよいが，あまり深入りはしない。

　しないという自信がある　　4　　3　　2　　1　　するかもしれない

　「問いかけているのは，この人です」
と言って上の写真を提示する。

> **発問2**　どうして藤井さんは，このような問いかけをしているので
> 　　　　　 しょうか。

次のような考えが出されるだろう。

- ●顔が原因でいろいろな差別を受けてきたからではないか。
- ●顔で差別する人を少なくしたいからではないか。
- ●自分と同じような目にあわせたくないからではないか。

> **授業のポイント■写真と連動させて問題意識を高める**
> 　藤井さんの写真を見せたあと，どうしてこのような問いかけをして
> いるのかを考えさせることによって，問題意識を高めていく。

教材に対する問題意識が高まったところで範読する。

②心に残った言葉は

教材を範読したあと，発問する。

> **発問3**　藤井さんの言葉で心に残ったのは，どんな言葉ですか。

　３つ選ばせて線を引かせる。その中からいちばん心に残った言葉をノートに書かせ，理由を書かせる。次のような言葉が選ばれるだろう。

- ●正しい知識や正しい情報をしっかり学習する。
- ●人間ならではの可能性を信じたい。
- ●思いやりの心をもち続けることがとても大事。
- ●過去と他人は変えられないが，自分と未来は変えることができる。
- ●自分の個性を他人と比べることをやめるべき。

全員が書き終えたところで次のような流れを示し，グループで交流させる。

①選んだ言葉と理由を順番に発表する。

②質問やコメントができるように発表を聞く。

③質問やコメントをする。

④話し合って考えたことを書く。

　グループをまわってどんな考えが出されているかを把握し，グループから１名を指名して発表させる。

　出された言葉の中から，次の部分（理性）に着目させる。

　私たち人間には「理性」というものがあります。その嫌悪感を自分の心の中だけに収め，カバーするのが人間ならではの理性です。私としては，この人間ならではの可能性を信じたいのです。

（『とびだそう未来へ　中学道徳 3』教育出版, 37 ページ）

発問 4　私たちは，藤井さんの期待に応えることができるでしょうか。

　できると思えば〇，難しいと思えば×を選ばせ理由を書かせる。

　少数派から理由を発表させる。

【〇派】

　●自分の信念がしっかりしていれば，期待に応えられるのでは。

　●病気なのにいじめるなんておかしいし，自分はそんなことをしたくないから。

【×派】

　●してはいけないとわかっていても，つい差別してしまう人がいる。

　●まわりが差別していると，なかなかやめさせられない。

　議論させたい理由が出されたら，取り上げて話し合わせる。

③自分の生き方に生かすには

もう一度，題名に着目させて発問する。

発問5 あなたはこの問いかけを，これからの生き方にどのように
生かしていきますか。

1人で考えさせたあと，隣同士で話し合わせる。

何人かを指名して発表させる。

次のような考えが出されるだろう。

● 自分が誰かを差別しそうになったら，この問いかけを思い出して差
別を踏みとどまりたい。

● 自分が差別されることがあったら，この問いかけを思い出して勇気
を出したい。

● 差別を見たときには，この問いかけを思い出して，自分と未来を変
える努力をしたい。

本時の学び（学んだこと，心に残ったこと，これから生かしていきたい
ことなど）を書かせて授業を終える。

板書例

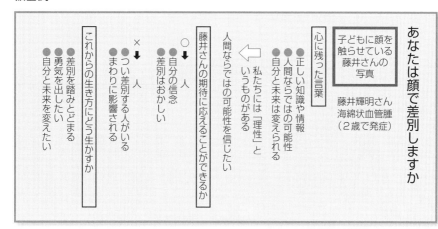

[著者紹介]
鈴木健二（すずき　けんじ）

愛知教育大学大学院教育学研究科教授
宮崎県生まれ。公立小学校教諭，指導主事，校長等を経て，現職。大学院では，道徳教育，学級経営等を
担当し，質の高い授業づくりの実践的研究を進めている。子どもが考えたくなる，実践したくなる道徳
授業づくりに定評があり，全国各地の教育委員会や小中学校に招かれて，講演会等を行っている。30
年以上前に結成した「日向教育サークル」では，現在も宮崎県を拠点に活動している。2019年4月に
「新しい道徳授業づくり研究会（SDK）」（ホームページ：sdk-aichi-since2019.com）を立ち上げる。全
国各地に支部も設立され，質の高い道徳授業づくりに取り組んでいる。
主な研究分野は，「子どもの心に響く道徳教材の開発」「子どもを育てる学級経営」「授業に生かす教科
書研究」「信頼性を高める学級経営」「授業づくりの基礎・基本の解明」など。
主著に，『社会科指導案づくりの上達法』『ノンフィクションの授業』『授業総合診療医 ドクター鈴木の
新人教師の授業診断』（以上，明治図書），『道徳授業づくり上達10の技法』『教師力を高める――授業
づくりの基礎となる20の視点』『必ず成功する！ 新展開の道徳授業』『思考のスイッチを入れる　授業
の基礎・基本』『新しい道徳授業の基礎・基本』（以上，日本標準），『道徳授業をおもしろくする！』（教
育出版）など。そのほか，編著書，雑誌論文等多数。
メールアドレス：kenchan4172@gmail.com

中学校道徳
ワンランク上の教科書活用術
道徳授業づくり4つのステップ

2020年4月25日　第1刷発行

著　者　鈴木健二
発行者　伊藤　潔
発行所　株式会社 日本標準
　　　　〒167-0052　東京都杉並区南荻窪3-31-18
　　　　電話　03-3334-2640[編集]
　　　　　　　03-3334-2620[営業]
　　　　URL　http://www.nipponhyojun.co.jp/

編集協力・デザイン　株式会社 コッフェル
印刷・製本　株式会社 リーブルテック